孔子学院总部/国家汉办 编制
Confucius Institute Headquarters (Hanban)

汉语水平考试真题集
HSK 三级 2018版

Official Examination Papers of HSK (Level 3)

人民教育出版社
PEOPLE'S EDUCATION PRESS

图书在版编目（CIP）数据

汉语水平考试真题集：HSK．三级：2018版／孔子学院总部，国家汉办编制．—北京：人民教育出版社，2018.7（2021.1重印）

ISBN 978-7-107-32962-3

Ⅰ．①汉… Ⅱ．①孔…②国… Ⅲ．①汉语—对外汉语教学—水平考试—习题集 Ⅳ．①H195.6

中国版本图书馆CIP数据核字（2018）第178423号

汉语水平考试真题集HSK三级（2018版）

出版发行	人民教育出版社	
	（北京市海淀区中关村南大街17号院1号楼 邮编：100081）	
网　　址	http://www.pep.com.cn	
经　　销	全国新华书店	
印　　刷	北京盛通印刷股份有限公司	
版　　次	2018年7月第1版	
印　　次	2021年1月第4次印刷	
开　　本	890毫米×1 240毫米　1/16	
印　　张	8	
字　　数	162千字	
定　　价	66.00元	

版权所有·未经许可不得采用任何方式擅自复制或使用本产品任何部分·违者必究
如发现内容质量问题、印装质量问题，请与本社联系。电话：400-810-5788

监　　制　李佩泽　施　歌

策　　划　张　园　李亚男

编　　委　（按姓氏笔画顺序排列）

　　　　　　　于　艳　王之岭　王亚男　白冰冰　刘小龙

　　　　　　　汤　旭　李惠姣　李群锋　杨琳静　张　欣

　　　　　　　欧阳潭　赵　璇　黄　蕾　解妮妮

责任编辑　关晓阳　袁　硕

封面设计　张傲冰

前　言

汉语水平考试（HSK）是孔子学院总部/国家汉办主办，汉考国际研发、实施的一项国际汉语能力标准化考试，重点考查汉语非第一语言的考生在生活、学习和工作中运用汉语进行交际的能力。

HSK 于 1984 年立项研发，1991 年正式开考。2009 年，为适应汉语国际推广新形势，孔子学院总部/国家汉办遵循"考教结合"的原则对 HSK 进行改版，增加了考试级别，扩大了考试覆盖面。2014 年出版《HSK 标准教程》，2015 年修订《HSK 考试大纲》，逐步形成了"教—学—考"三位一体的汉语综合能力培养体系。

随着中国对外交流的日益广泛和国际影响力、感召力、塑造力的进一步提高，全球参加 HSK 的考生人数也逐年增长。据统计，2017 年 HSK 考生数量已达 43.6 万人次。为了满足全球考生的强烈需求，孔子学院总部/国家汉办从近几年的 HSK 真题中精心挑选出部分高质量试卷，组织出版《汉语水平考试真题集》（2018 版）系列。该系列图书共 6 册，分别对应 HSK 一至六级，每册包含相应等级的 5 套精选真题，并配有答案、听力录音、听力文本和答题卡样例等。这是自 2015 版《HSK 考试大纲》全新面世以来，官方首次出版 HSK 真题资源。

《汉语水平考试真题集》（2018 版）旨在为广大考生提供实用、高效的备考指导，为全球汉语教学者和机构提供权威的参考资料和评估标准。我们真诚地希望可以"以考促学",通过考试激发汉语学习者的兴趣;"以考促教",利用真题为教师和学习者提供分级别、实用性强的汉语教学资源。此外,教师可以通过真题中典型语言任务的考查,对考生完成语言任务的能力进行评价,并为考生下一步的学习规划提供积极的反馈。

编　者

2018 年 5 月

目 录

试卷一 ··· 1

试卷一听力材料 ·· 16

试卷一答案 ·· 22

试卷二 ·· 25

试卷二听力材料 ·· 40

试卷二答案 ·· 46

试卷三 ·· 49

试卷三听力材料 ·· 64

试卷三答案 ·· 70

试卷四 ·· 73

试卷四听力材料 ·· 88

试卷四答案 ·· 94

试卷五 ·· 97

试卷五听力材料 ·· 112

试卷五答案 ·· 118

HSK（三级）答题卡 ··· 120

汉语水平考试
HSK（三级）

试 卷 一

注 意

一、HSK（三级）分三部分：

1. 听力（40题，约35分钟）

2. 阅读（30题，30分钟）

3. 书写（10题，15分钟）

二、听力结束后，有5分钟填写答题卡。

三、全部考试约90分钟（含考生填写个人信息时间5分钟）。

中国　北京　　　　　　　孔子学院总部/国家汉办　编制

一、听 力

第一部分

第 1-5 题

例如：男：喂，请问张经理在吗？

女：他正在开会，您半个小时以后再打，好吗？   [D]

1.　　　　　　　　　　　　　　　　　　　　　　[E]

2.　　　　　　　　　　　　　　　　　　　　　　[C]

3.　　　　　　　　　　　　　　　　　　　　　　[B]

4.　　　　　　　　　　　　　　　　　　　　　　[A]

5.　　　　　　　　　　　　　　　　　　　　　　[F]

第 6–10 题

A B C D E

6. E
7. A
8. C
9. B
10. D

第二部分

第 11-20 题

例如：为了让自己更健康，他每天都花一个小时去锻炼身体。

　★ 他希望自己很健康。　　　　　　　　　　　　　　（ √ ）

　　今天我想早点儿回家。看了看手表，才五点。过了一会儿再看表，还是五点，我这才发现我的手表不走了。

　★ 那块手表不是他的。　　　　　　　　　　　　　　（ × ）

11. ★ 他新认识的朋友很热情。　　　　　　　　　　　　（ √ ）

12. ★ 图书馆的书可以借两个月。　　　　　　　　　　　（ × ）

13. ★ 孩子要多喝牛奶。　　　　　　　　　　　　　　　（ √ ）

14. ★ 那条街道离公司比较近。　　　　　　　　　　　　（ √ ）

15. ★ 他自己开车游中国。　　　　　　　　　　　　　　（ √ ）

16. ★ 他在和别人聊节日。　　　　　　　　　　　　　　（ × ）

17. ★ 儿子不会讲故事。　　　　　　　　　　　　　　　（ √ ）

18. ★ 他正在上课。　　　　　　　　　　　　　　　　　（ √ ）

19. ★ 那只狗老了。　　　　　　　　　　　　　　　　　（ √ ）

20. ★ 奶奶爱看体育节目。　　　　　　　　　　　　　　（ × ）

第三部分

第 21-30 题

例如：男：小王，帮我开一下门，好吗？谢谢！
　　　女：没问题。您去超市了？买了这么多东西。
　　　问：男的想让小王做什么？

　　　A 开门 ✓　　　B 拿东西　　　C 去超市买东西

21.　A 复习　　　　B 看比赛　　　C 学习画画儿

22.　A 邻居　　　　B 姐姐　　　　C 爷爷

23.　A 很简单　　　B 不好玩儿　　C 非常有名

24.　A 南边　　　　B 西边　　　　C 东边

25.　A 蓝色　　　　B 白色　　　　C 黑色

26.　A 换新的　　　B 还回去　　　C 放船上

27.　A 旅游　　　　B 考试　　　　C 参加文化节

28.　A 带护照　　　B 检查一下　　C 用小行李箱

29.　A 他生病了　　B 今年特别冷　C 每天都刮风

30.　A 口渴了　　　B 手表不见了　C 要离开那儿了

第四部分

第 31-40 题

例如：女：晚饭做好了，准备吃饭了。

男：等一会儿，比赛还有三分钟就结束了。

女：快点儿吧，一起吃，菜冷了就不好吃了。

男：你先吃，我马上就看完了。

问：男的在做什么？

A 洗澡　　　　　　B 吃饭　　　　　　C 看电视 ✓

31. A 很安静 ✓　　　B 变化大　　　　　C 草长得太高

32. A 发烧了 ✓　　　B 生气了　　　　　C 腿不舒服

33. A 羊肉　　　　　B 鸡蛋面　　　　✓C 米饭和鱼

34. A 作业很难　　　B 必须都做　　　✓C 只需做一个题

35. A 洗盘子 ✓　　　B 看菜单　　　　　C 去洗手间

36. A 还没起床　　✓B 害怕迟到　　　　C 要坐火车

37. A 很好　　　　✓B 一般　　　　　　C 很差

✗38. ✓A 头发短　　　B 先送经理　　　　C 想去跳舞

39. A 银行　　　　　B 面包店　　　　✓C 水果店

40. ✓A 一位司机　　B 一位老人　　　　C 黄先生的妻子

二、阅 读

第一部分

第 41-45 题

A 衬衫和裤子我都给你放床上了。

B 是啊，我发现大家现在出门都很少带钱了。

C 你等一下，我这就去关。

D 还可以，就是吃的跟我们不太一样。我现在一般自己做饭吃。

E 当然。我们先坐公共汽车，然后换地铁。

F 你以前来过这个城市？

例如：你知道怎么去那儿吗？　　　　　　　　　　（ E ）

41．你在南方还习惯吗？　　　　　　　　　　　　（ D ）

42．对，去年春天和我丈夫一起到过这儿。　　　　（ F ）

43．弟弟有点儿感冒，我们别开空调了吧。　　　　（ C ）

44．还是信用卡方便，商店、宾馆哪儿都能用。　　（ B ）

45．好的，我洗完澡再穿。　　　　　　　　　　　（ A ）

第 46-50 题

A 对不起，我差点儿拿错了。左边的呢？

B 你发给我的电子邮件我还没看呢。

C 希望中国运动员这次能有个好成绩。

D 好，我们也没什么行李，而且他家就在附近。

E 我哥哥。走，我给你介绍一下。

46. 站在你妈妈旁边的那个人是谁？ (E)

47. 篮球比赛马上就开始了。 (C)

48. 叔叔上午打电话说来火车站接我们，我没让他来。 (D)

49. 我这几天一直在外面，没办法上网。有急事吗？ (B)

50. 右边那个碗里的牛奶是给猫喝的。 (A)

第二部分

第 51-55 题

A 国家   B 借   C 半   D 可爱   E 声音   F 总是

例如：她说话的（ E ）多好听啊！

51. 你认为世界上哪个（ A ）最漂亮？

52. 走路的时候注意脚下，别（ F ）玩儿手机。

53. 昨天晚上谢谢你把自行车（ B ）给我，真的帮了我大忙了！

54. 我们一边喝咖啡一边聊天儿，（ C ）个小时很快就过去了。

55. 妹妹的眼睛笑起来像月亮，很（ D ）。

第 56-60 题

A 脸　　B 跟　　C 一共　　D 爱好　　E 满意　　F 除了

例如：A：你有什么（ D ）？

B：我喜欢体育。

56. A：小姐，您好！（ C ）几位？

B：三位。我们就坐中间那张桌子吧。

57. A：是这个人吗？

B：不太像，（ A ）要再长点儿，嘴再小点儿。

58. A：他们的中文好不好？

B：（ F ）丽丽不会说外，其他人都说得很好。

59. A：你觉得他刚才回答得怎么样？

B：还不错，我很（ E ）。

60. A：我是不是影响你工作了？

B：没有，我在为上午的事情生气呢，（ B ）你没关系。

第三部分

第 61-70 题

例如：您是来参加今天会议的吗？您来早了一点儿，现在才八点半。您先进来坐吧。

★ 会议最可能几点开始？

A 八点　　　　　B 八点半　　　　　C 九点 ✓

61. 现在我们公司遇到了一个很大的问题，这关系到我们以后的工作能不能完成，所以现在最重要的是找到解决它的办法。

★ 现在最重要的事情是什么？

A 多练习　　　　B 相信自己　　　　C 找到解决办法

62. 这个地方经常不是阴天就是下雨，一年中只有两三个月能见到太阳。一开始我不知道，后来发现后，我的包里会常备一把伞。

★ 那里的天气：

A 常是晴天　　　B 多阴雨天　　　　C 一年四季都很热

63. 经过一个夏天的努力，我终于学会了游泳。虽然很累，但是学会以后我非常高兴。这件事告诉我：如果我能认真努力地去做一件事，没有什么是不可能的。

★ 他：

A 爱踢足球　　　B 学会了游泳　　　C 买了很多铅笔

64. 白校长的办公室在五楼，509 房间。但是他现在正在开会，我也不清楚什么时候结束。您可以先坐这儿等一会儿，或者下午再过来。

★ 说话人不知道：

A 在哪儿见面　　B 校长在忙什么　　C 会议结束时间

65. 王阿姨不放心16岁的女儿一个人去国外留学,所以决定放下工作,跟女儿一起出国。

   ★ 王阿姨准备去国外:

   A 工作　　　　　B 照顾女儿　　　　　C 读两年书

66. 吃饭时不能吃得太快,要慢慢地吃。因为吃得太快,容易让人发胖,对身体也不好。

   ★ 这段话告诉我们:

   A 吃饭别太快　　　B 要多吃苹果　　　　C 不要吃得太饱

67. 这个笔记本电脑是我上大学时买的,已经用了七八年了,虽然有点儿旧,但还很好用。最近我不打算换新的。

   ★ 那个电脑:

   A 非常贵　　　　　B 已经坏了　　　　　C 有点儿旧

68. 啤酒是一种有着久远历史的饮料,也是除了汽水和茶外,人们喝的最多的饮料。

   ★ 这段话主要介绍的是:

   A 啤酒　　　　　　B 季节　　　　　　　C 环境

69. 我记得最后一次用钱包是今天中午在饭店吃饭的时候,你有没有那个饭店的服务电话?我打电话问问他们看见没有。

   ★ 根据这段话,可以知道他:

   A 担心会饿　　　　B 现在很快乐　　　　C 找不到钱包了

70. 这个电影讲的是一个左耳听不见声音的女孩子的故事,听说第一天就卖出了几百万张票。朋友们都说很好看,有机会我们也看看吧。

   ★ 电影中的那个女孩儿:

   A 爱好音乐　　　　B 左耳听不见　　　　C 常帮助别人

三、书写

第一部分

第71-75题

例如：小船　　河上　　一条　　有

　　　河上有一条小船。

71. 我　　意思　　不明白　　这句话的

我不明白这句话的意思。

72. 刷牙　　我马上　　就　　去

我马上就去刷牙。

73. 矮　　那个人　　个子　　很

那个人个子很矮。

74. 水　　瓶子里的　　变黄　　了

瓶子里的水变黄了。

75. 老师　　要求我们　　词典是　　买的

老师要求我们词典是买的。

第二部分

第 76-80 题

例如：没（ 关^{guān} ）系，别难过，高兴点儿。

76. 这件事后来（ 被^{bèi} ）班里的同学知道了。

77. 一（ 元^{yuán} ）是十角，一角是十分。

78. 不客（ 起^{qi} ），欢迎下次再来，再见。

79. 我最喜欢的动物是马，不是（ 大^{dà} ）熊猫。

80. 现在很多人爱上（ 网^{wǎng} ）看新闻，但我更愿意看报纸。

试卷一听力材料

（音乐，30秒，渐弱）

大家好！欢迎参加HSK（三级）考试。
大家好！欢迎参加HSK（三级）考试。
大家好！欢迎参加HSK（三级）考试。

HSK（三级）听力考试分四部分，共40题。
请大家注意，听力考试现在开始。

第一部分

一共10个题，每题听两次。

例如：男：喂，请问张经理在吗？
　　　女：他正在开会，您半个小时以后再打，好吗？

现在开始第1到5题：

1. 女：服务员，我可以试一下这双皮鞋吗？
　　男：当然，您穿多大号的？

2. 男：买这辆小汽车给乐乐做生日礼物怎么样？
　　女：好啊，我觉得他一定会很喜欢的。

3. 女：我现在每天晚上睡觉前都会喝杯红酒。
　　男：怎么样？睡得比以前好多了吧？

4. 男：现在应该可以了，你打开灯试试。
　　女：好，是哪儿出问题了啊？

5. 女：你是怎么瘦下来的？
　　男：跑步。从去年秋天起，我每星期都去跑两三次。

现在开始第6到10题：

6. 男：最近我一直牙疼，这几天几乎没吃东西。
　　女：我知道了，您先坐好，我帮您检查一下。

7. 女：你什么时候学会用筷子的？
   男：我喜欢吃中国菜，来中国前就学会了。

8. 男：妈妈，你看我打扫得干净吗？
   女：非常干净，你做得很好！

9. 女：先生，您在八三二房间。这是房卡，请拿好。
   男：谢谢。请问电梯在哪儿？

10. 男：你看，这张照片照得不错吧？
    女：是的，你照相的水平越来越高了。

第二部分

一共 10 个题，每题听两次。

例如：为了让自己更健康，他每天都花一个小时去锻炼身体。
★ 他希望自己很健康。

今天我想早点儿回家。看了看手表，才五点。过了一会儿再看表，还是五点，我这才发现我的手表不走了。
★ 那块手表不是他的。

现在开始第 11 题：

11. 昨天打篮球的时候我认识了一个新朋友，他很年轻，也很热情，球打得也不错。
    ★ 他新认识的朋友很热情。

12. 学校的老师和学生都可以去图书馆借书。老师一次可以借十本，学生一次可以借五本，每本书最多能借一个月。
    ★ 图书馆的书可以借两个月。

13. 孩子要多喝牛奶，多锻炼，这样个子才能长高。
    ★ 孩子要多喝牛奶。

14. 那条街上有很多卖衣服的小店，不但东西卖得比其他地方便宜，而且离公司也不远，晚上下班后要不要去看看？
    ★ 那条街道离公司比较近。

15. 他骑着自行车，带着一张中国地图，花了几年的时间走完了大半个中国。
    ★ 他自己开车游中国。

16. 中文名字是姓在前，名在后，就像我叫李小亮，李是姓，小亮是名。大家了解了吗？
    ★ 他在和别人聊节日。

17. 我儿子虽然才四岁，但是特别聪明。一个故事听两三次，他就能记住，而且还可以讲给别的小朋友听。
    ★ 儿子不会讲故事。

18. 同学们，我刚才讲的都懂了吗？如果有什么不懂的或者不同意的，欢迎大家下课后来找我。
    ★ 他正在上课。

19. 女儿小的时候总是和这只狗一起玩儿，还经常给它洗澡。现在女儿长大了，狗也老了。
    ★ 那只狗老了。

20. 人们现在越来越关心健康问题，电视上这样的节目也越来越多。奶奶在家没事就爱看这些节目。
    ★ 奶奶爱看体育节目。

第三部分

一共 10 个题，每题听两次。

例如：男：小王，帮我开一下门，好吗？谢谢！
　　　女：没问题。您去超市了？买了这么多东西。
　　　问：男的想让小王做什么？

现在开始第 21 题：

21. 女：我们周末去爬山吧？
    男：我很想去，但是下周一有考试，我要在家复习。
    问：男的周末要做什么？

22. 男：这个蛋糕真好看，是你做的吗？
    女：不是，是我姐姐做的。你尝尝好不好吃。
    问：蛋糕是谁做的？

23. 女：我没玩儿过这个游戏，你可以教教我吗？
    男：没问题，其实很简单，我一说你就明白了。
    问：男的觉得那个游戏怎么样？

24. 男：同学，请问这附近有超市吗？
    女：有，你向东走一千米就看到了。
    问：去超市应该往哪儿走？

25. 女：妹妹过几天结婚，你说我穿哪条裙子好？
    男：蓝色的吧，你穿蓝色的更好看。
    问：男的觉得哪个颜色的裙子更好看？

26. 男：这是教室的公共雨伞，你用完了别忘记还回去。
    女：放心吧，我不会忘的。
    问：雨伞用完要怎么样？

27. 女：你去北京旅游后，汉语水平有没有提高？
    男：有啊，我还认识了不少汉字。
    问：男的去北京做什么？

28. 男：这个行李箱太大，换那个小点儿的吧。
    女：主要是我要带好几件衣服，还有电脑，就用这个吧。
    问：男的让女的怎么做？

29. 女：北方的冬天真冷啊，我都不想出门了。
    男：以前没这么冷，今年的天气比较奇怪。
    问：男的是什么意思？

30. 男：你怎么了？鼻子红红的，哭了？
    女：明天就要离开这里了，有点儿难过。
    问：女的为什么难过？

第四部分

一共10个题，每题听两次。

例如：女：晚饭做好了，准备吃饭了。
    男：等一会儿，比赛还有三分钟就结束了。
    女：快点儿吧，一起吃，菜冷了就不好吃了。
    男：你先吃，我马上就看完了。
    问：男的在做什么？

现在开始第31题：

31. 男：这个公园环境真不错！
    女：是啊，这个时候树都绿了，花儿也开了。
    男：而且人也少，安静得都能听到鸟的叫声。
    女：前面有椅子，我们坐下来休息一会儿吧。
    问：男的觉得那个公园怎么样？

32. 女：喂，您好！您哪位？
    男：张老师，我是王雪的爸爸。王雪有点儿发烧，我想给她请一天假。
    女：好的，王雪没事吧？
    男：没事，去医院看了，医生给她开了点儿药。
    问：王雪怎么了？

33. 男：中午吃什么？
    女：我昨天买了条鱼，在冰箱第二层，我们做鱼吃吧。
    男：好啊。那你想吃米饭还是面条儿？
    女：米饭吧，好久没吃了。
    问：他们中午要吃什么？

34. 女：黑板上写的是什么？
    男：今天的历史作业。
    女：这么多！这三个题都要做完吗？
    男：不用，选择一个就可以了。
    问：男的是什么意思？

35. 男：你怎么突然搬出来这么多盘子？
    女：明天家里不是来客人吗？这些盘子好久没用了，我先洗洗。
    男：有几个同事不能来了，不用洗这么多。
    女：没事，我都洗了吧。
    问：女的想做什么？

36. 女：飞机几点起飞？
    男：六点一刻。
    女：那我们到机场还要多长时间？不会迟到吧？
    男：下一站就是机场，不会晚的。
    问：关于女的，可以知道什么？

37. 男：听说你妈妈是老师，她教什么课？
    女：她教三年级的数学。
    男：那你的数学成绩一定很好吧？
    女：一般，我对数学不太感兴趣。
    问：女的数学成绩怎么样？

38. 女：早上好！
    男：早！今天天气好极了，要不要一起去打球？
    女：刘经理要出去，我先送一下她，然后再过去。
    男：好，那三号球场见。
    问：关于女的，可以知道什么？

39. 男：香蕉多少钱一斤？
    女：六块五。您要多少？
    男：就这些吧。
    女：好的，您还要别的吗？今天的西瓜又甜又新鲜。
    男：我看看。
    问：他们最可能在哪儿？

40. 女：我上星期日遇到了一个很好的司机。
    男：怎么了？
    女：我不小心把护照忘在出租车上了，那位司机给我送了回来。
    男：以后一定要小心啊！
    问：他们在说谁？

听力考试现在结束。

试卷一答案

一、听 力

第一部分

1. E 2. C 3. B 4. A 5. F
6. E 7. A 8. C 9. B 10. D

第二部分

11. √ 12. × 13. √ 14. √ 15. ×
16. × 17. × 18. √ 19. √ 20. ×

第三部分

21. A 22. B 23. A 24. C 25. A
26. B 27. A 28. C 29. B 30. C

第四部分

31. A 32. A 33. C 34. C 35. A
36. B 37. B 38. B 39. C 40. A

二、阅 读

第一部分

41. D 42. F 43. C 44. B 45. A
46. E 47. C 48. D 49. B 50. A

第二部分

51. A 52. F 53. B 54. C 55. D
56. C 57. A 58. F 59. E 60. B

第三部分

61. C 62. B 63. B 64. C 65. B
66. A 67. C 68. A 69. C 70. B

三、书写

第一部分

71. 我不明白这句话的意思。/ 这句话的意思我不明白。
72. 我马上就去刷牙。
73. 那个人个子很矮。
74. 瓶子里的水变黄了。
75. 词典是老师要求我们买的。

第二部分

76. 被
77. 元
78. 气
79. 大
80. 网

汉语水平考试 HSK（三级）

试卷二

注 意

一、HSK（三级）分三部分：

1. 听力（40题，约35分钟）

2. 阅读（30题，30分钟）

3. 书写（10题，15分钟）

二、听力结束后，有5分钟填写答题卡。

三、全部考试约90分钟（含考生填写个人信息时间5分钟）。

中国 北京　　　　　　　　　　孔子学院总部/国家汉办　编制

一、听 力

第一部分

第 1-5 题

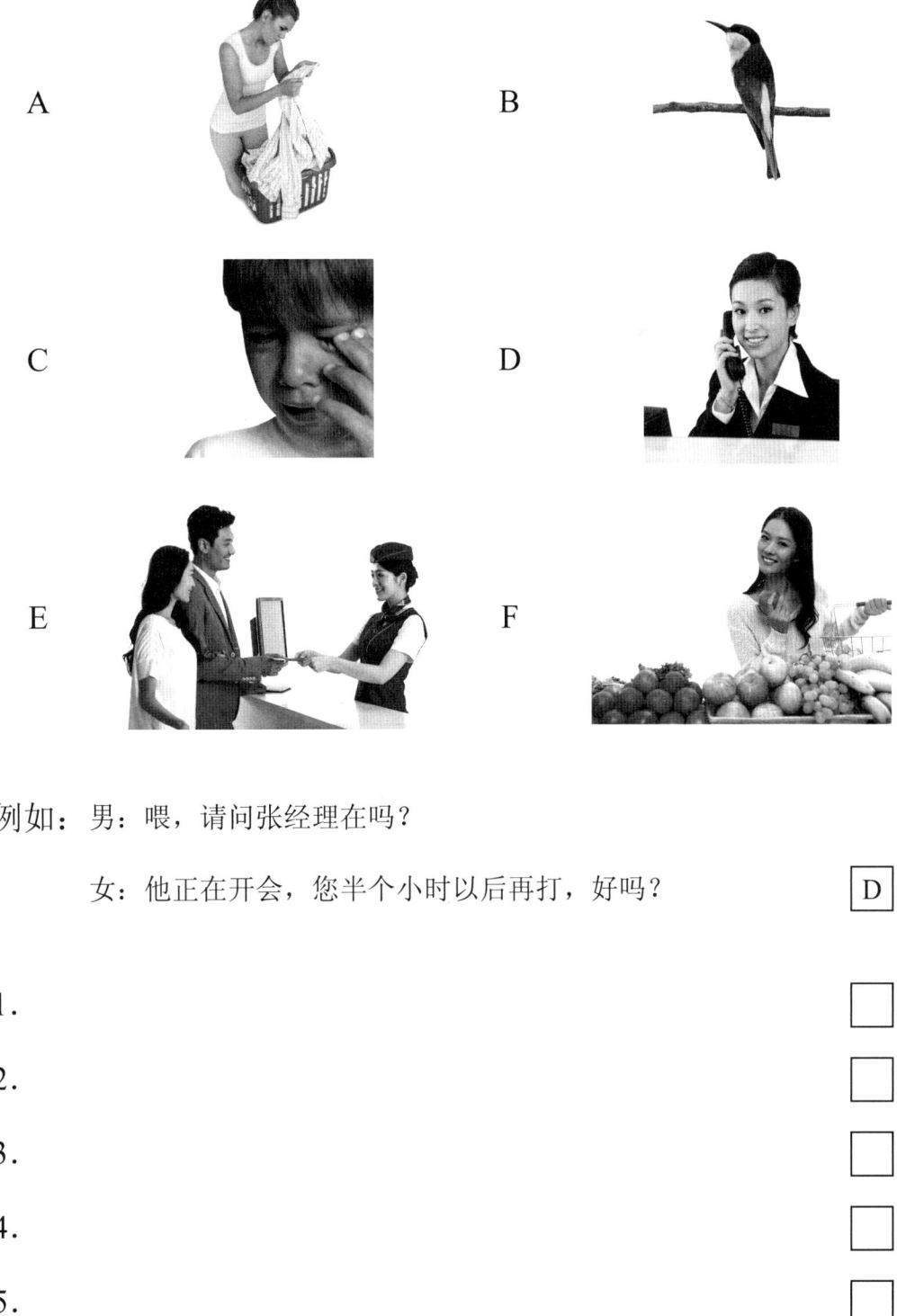

例如：男：喂，请问张经理在吗？

女：他正在开会，您半个小时以后再打，好吗？ D

1.

2.

3.

4.

5.

第 6-10 题

A

B

C

D

E

6. ☐
7. ☐
8. ☐
9. ☐
10. ☐

第二部分

第 11-20 题

例如：为了让自己更健康，他每天都花一个小时去锻炼身体。

★ 他希望自己很健康。　　　　　　　　　　　　　　　（ √ ）

今天我想早点儿回家。看了看手表，才五点。过了一会儿再看表，还是五点，我这才发现我的手表不走了。

★ 那块手表不是他的。　　　　　　　　　　　　　　　（ × ）

11. ★ 世界公园非常大。　　　　　　　　　　　　　　　（　　）

12. ★ 米饭坏了。　　　　　　　　　　　　　　　　　　（　　）

13. ★ 奶奶生病了。　　　　　　　　　　　　　　　　　（　　）

14. ★ 他唱歌水平提高了。　　　　　　　　　　　　　　（　　）

15. ★ 他和小晴关系很好。　　　　　　　　　　　　　　（　　）

16. ★ 他买到了火车票。　　　　　　　　　　　　　　　（　　）

17. ★ 周叔叔在饭店工作。　　　　　　　　　　　　　　（　　）

18. ★ 姐姐从去年开始学画画儿。　　　　　　　　　　　（　　）

19. ★ 他给大家发邮件了。　　　　　　　　　　　　　　（　　）

20. ★ 黄河只经过了一个城市。　　　　　　　　　　　　（　　）

第三部分

第 21-30 题

例如：男：小王，帮我开一下门，好吗？谢谢！
女：没问题。您去超市了？买了这么多东西。
问：男的想让小王做什么？

　　A 开门 ✓　　　　B 拿东西　　　　C 去超市买东西

21.　A 小张　　　　B 妻子　　　　C 弟弟

22.　A 要去锻炼　　B 打算请假　　C 找到工作了

23.　A 查词典　　　B 别开灯　　　C 先写作业

24.　A 考试成绩　　B 他姓什么　　C 留学的事情

25.　A 边听边写　　B 不要生气了　C 声音大点儿

26.　A 更爱数学　　B 害怕听不懂　C 认为不重要

27.　A 铅笔　　　　B 信用卡　　　C 照相机

28.　A 很渴　　　　B 哭了　　　　C 发烧了

29.　A 住得远　　　B 头发长了　　C 不愿意出去

30.　A 10元　　　　B 100元　　　　C 1000元

第四部分

第 31-40 题

例如：女：晚饭做好了，准备吃饭了。

男：等一会儿，比赛还有三分钟就结束了。

女：快点儿吧，一起吃，菜冷了就不好吃了。

男：你先吃，我马上就看完了。

问：男的在做什么？

A 洗澡　　　　　　B 吃饭　　　　　　C 看电视 ✓

31. A 快结婚了　　　B 要过生日了　　　C 考上大学了

32. A 机场　　　　　B 宾馆　　　　　　C 会议室

33. A 去跳舞　　　　B 多照照片　　　　C 帮忙搬家

34. A 耳朵疼　　　　B 吃饱了　　　　　C 不想吃甜的

35. A 很好看　　　　B 有些短　　　　　C 颜色不好

36. A 怕他累　　　　B 他太年轻　　　　C 他不关心学生

37. A 教室　　　　　B 体育馆　　　　　C 咖啡馆

38. A 天阴了　　　　B 天晴了　　　　　C 下雪了

39. A 司机　　　　　B 服务员　　　　　C 送报纸的

40. A 左边　　　　　B 北边　　　　　　C 西边

二、阅 读

第一部分

第 41-45 题

A 同学们，谁知道黑板上这个句子是什么意思？

B 奇怪，早上太阳都出来了，还能看见月亮。

C 爷爷带了很多东西，你去楼下帮他拿一下。

D 终于爬上来了，太不容易了！

E 当然。我们先坐公共汽车，然后换地铁。

F 公司旁边新开了家面包房，你尝尝他们家的面包怎么样？

例如：你知道怎么去那儿吗？　　　　　　　　　　　　　　（ E ）

41．好的，我马上下去接他。　　　　　　　　　　　　　　（　）

42．是啊，这山真高，我们用了五个小时！　　　　　　　　（　）

43．其实这很常见，可能是你以前没注意过。　　　　　　　（　）

44．好吃极了！明天再去买点儿吧。　　　　　　　　　　　（　）

45．我，老师，我来回答。　　　　　　　　　　　　　　　（　）

第 46-50 题

A 你最喜欢哪个季节？

B 儿子，你还记得这个地方吗？以前我经常带你来。

C 谢谢您送我们的鱼和鸡蛋。

D 你家的洗手间在哪里？我想洗一下脸。

E 我晚上一般十点就上床了。

46. 当然了，我们还在这里照过相呢。　　（　）

47. 别客气，欢迎你来我们家做客，再见！　　（　）

48. 就在一层右手边，我带你过去。　　（　）

49. 夏天。因为可以吃到甜甜的西瓜。　　（　）

50. 但最近在准备考试，所以睡得比较晚。　　（　）

第二部分

第51-55题

A 有名　　B 其他　　C 或者　　D 比赛　　E 声音　　F 角

例如：她说话的（ E ）多好听啊！

51. 今天的白菜真便宜，一公斤才八（　　）五分钱。

52. 为了这次的一万米长跑（　　），他天天都去跑步。

53. 香蕉（　　）苹果，哪种都可以。

54. 这个包只能放个手机，放不下（　　）东西。

55. 这家奶茶店非常（　　），但上午不开门，我们只能下午去。

第 56-60 题

A 习惯　　B 一样　　C 关于　　D 爱好　　E 担心　　F 简单

例如：A：你有什么（ D ）？

B：我喜欢体育。

56．A：这个电视节目是（　　）什么的？

B：主要是讲中国文化的。

57．A：我们先去河边走走，然后再回宾馆怎么样？

B：好，和我想的（　　）。

58．A：妈，您别（　　），我们老师也一起去。

B：那我就放心了，到了记得打电话回来。

59．A：这都冬天了，你还去河里游泳？小心别感冒了。

B：没关系，我（　　）冬泳了，不觉得冷。

60．A：星期日你有时间吗？教我骑自行车吧。

B：没问题，很（　　）的。

第三部分

第 61-70 题

例如：您是来参加今天会议的吗？您来早了一点儿，现在才八点半。您先进来坐吧。

　　★ 会议最可能几点开始？

　　　A 八点　　　　　B 八点半　　　　　C 九点 ✓

61. 那双皮鞋穿起来不舒服，后来我又去店里换了一双，现在觉得好多了。

　　★ 他为什么换鞋？

　　　A 太贵了　　　　B 买大了　　　　　C 穿着不舒服

62. 很多人都喜欢胖胖的动物，像大熊猫，看起来很可爱。但人们一般不怎么喜欢自己胖，都希望自己越瘦越好。

　　★ 根据这段话，很多人希望自己是什么样的？

　　　A 更聪明　　　　B 瘦一点儿　　　　C 比别人好

63. 我同事有个房子要出租，我觉得还不错。那个房子在三层，很干净，而且里面空调、冰箱、洗衣机什么都有。附近还有超市、医院，离地铁站也只有两三百米，去哪儿都很方便。

　　★ 那个房子：

　　　A 没有电梯　　　B 需要好好打扫　　C 离地铁站很近

64. 这是这次会议的要求，有不明白的可以跟我说。一定要在七号以前完成准备工作，如果做不完，会影响接下来的工作。

　　★ 说话人让他：

　　　A 要经常笑　　　B 写汉语名字　　　C 必须七号前完成

65. 这个地方一到秋季，游客就慢慢变少了，很多商店、宾馆也会关门休息一段时间。除了节日，街道上都安安静静的。

　　★ 那里秋季的时候：

　　A 商店最忙　　　B 游客会变少　　　C 天天刮大风

66. 这本书我找了很久。可能是因为太老了，书店里找不到，网上也没有卖的。没想到你这里有，能借我看看吗？

　　★ 说话人是什么意思？

　　A 想借书　　　B 上会儿网　　　C 想去图书馆

67. 弟弟下午去参加比赛了，晚上七点才回来。他现在正在洗澡，叫我们先吃饭，不用等他。

　　★ 关于弟弟，可以知道：

　　A 在洗澡　　　B 要先复习　　　C 腿有点儿疼

68. 离开自己习惯的环境，人更容易生病，所以外出旅游时我们要多注意身体，带上一些常用的药。

　　★ 旅游时，要：

　　A 注意身体　　　B 少喝饮料　　　C 多带衣服

69. 飞机应该两点起飞的，但因为北京那边在下大雨，所以一直到六点半才起飞，到的时候都已经晚上九点多了。

　　★ 飞机是几点起飞的？

　　A 两点　　　B 六点半　　　C 七点多

70. 踢足球是我最喜爱的运动，我每天最少都会花一个小时在足球上。和我一起踢球的都是些年轻人，大家在一起很快乐。

　　★ 根据这段话，可以知道他：

　　A 爱踢球　　　B 学习不努力　　　C 忘记刷牙了

三、书 写

第一部分

第 71-75 题

例如：小船　　河上　　一条　　有

　　　河上有一条小船。

71．是羊肉　　中间那盘　　吗

72．蓝色的衣服　　这件　　太　　旧　　了

73．我对　　满意　　这个地方　　很

74．瓶子　　小鱼　　里面　　有条

75．第一个　　他总是　　到班里

第二部分

第 76-80 题

例如：没（ 关 guān ）系，别难过，高兴点儿。

76. 一到春（ tiān ），我丈夫的鼻子就不舒服。

77. 遇到问题不要怕，要相（ xìn ）自己能解决它。

78. 这次的（ zuò ）业一点儿都不难，20 分钟就能完成。

79. 这条路上小猫小狗多，你开（ chē ）慢些。

80. 小姐，我们需要检查一下您的（ xíng ）李箱。

试卷二听力材料

（音乐，30秒，渐弱）

大家好！欢迎参加HSK（三级）考试。
大家好！欢迎参加HSK（三级）考试。
大家好！欢迎参加HSK（三级）考试。

HSK（三级）听力考试分四部分，共40题。
请大家注意，听力考试现在开始。

第一部分

一共10个题，每题听两次。

例如：男：喂，请问张经理在吗？
　　　女：他正在开会，您半个小时以后再打，好吗？

现在开始第1到5题：

1. 女：快看，树上是不是有只鸟？
   男：还真的有，我以前没见过这种鸟，它的嘴真长！

2. 男：这是女儿的衬衫？
   女：是的，上面有块黑色的东西，应该能洗干净吧？

3. 女：先生，这是您的护照吗？我在休息室的椅子上看见的。
   男：是我的。太谢谢你了，我正着急用呢。

4. 男：明天家里一共要来几位客人？
   女：四个，我们多买点儿水果和菜吧。

5. 女：你看你眼睛都哭红了，告诉妈妈怎么了？
   男：妈妈，我很难过。

现在开始第6到10题：

6. 男：再给我讲一个故事吧！
   女：好，但这是最后一个，听完必须睡觉了。

7. 女：爸爸，我也要喝这个。
   男：不可以，小孩子不能喝啤酒。

8. 男：不好意思，您能站起来一下吗？我想把这里打扫打扫。
   女：好的，没问题。

9. 女：我来介绍一下，这是新来的李医生。
   男：李医生您好！欢迎来我们医院工作。

10. 男：这马虽然长得矮，但是跑得很快。
    女：是吗？那我们来比一比，看谁的马能跑第一。

第二部分

一共10个题，每题听两次。

例如：为了让自己更健康，他每天都花一个小时去锻炼身体。
　　★ 他希望自己很健康。

　　今天我想早点儿回家。看了看手表，才五点。过了一会儿再看表，还是五点，我这才发现我的手表不走了。
　　★ 那块手表不是他的。

现在开始第11题：

11. 世界公园特别大，如果你是第一次进去玩儿，我觉得你需要带一张地图。
    ★ 世界公园非常大。

12. 我昨天买了面包和牛奶，但是回家后忘记把它们放进冰箱里了。今天早上想起来的时候，发现牛奶已经坏了。
    ★ 米饭坏了。

13. 最近奶奶病了，妈妈一直在医院里照顾她，几乎每天都休息不好，一个月下来，瘦了不少。
    ★ 奶奶生病了。

14. 在老师的帮助下，经过一段时间的练习，他的唱歌水平有了很大的提高。
    ★ 他唱歌水平提高了。

15. 小晴是我最好的朋友，不只是因为我们从小就认识，更重要的是我们的爱好也一样，都喜欢音乐。
    ★ 他和小晴关系很好。

16. 这几天去上海的人太多了，不但火车票没有了，机票也卖完了，我只能选择坐船去了。
    ★ 他买到了火车票。

17. 我的邻居周叔叔是做新闻工作的，我很喜欢和他聊天儿，因为每次从他那里都能听到不少新鲜事。
    ★ 周叔叔在饭店工作。

18. 姐姐从九岁开始学画画儿，到现在都五年了，她画的花草跟真的一样。
    ★ 姐姐从去年开始学画画儿。

19. 关于这次的考试成绩，我已经给大家发电子邮件了。有问题的同学可以问我。
    ★ 他给大家发邮件了。

20. 黄河是中国第二大长河，长五千四百多千米。它从西向东，经过了很多个城市。
    ★ 黄河只经过了一个城市。

第三部分

一共10个题，每题听两次。

例如：男：小王，帮我开一下门，好吗？谢谢！
　　　女：没问题。您去超市了？买了这么多东西。
　　　问：男的想让小王做什么？

现在开始第21题：

21. 女：小张，你们家里谁做饭？
    男：一般都是我妻子做饭，我洗碗筷。
    问：小张家里谁做饭？

22. 男：北京银行刚才打电话过来，让我下周去上班。
    女：太好了！真为你高兴。
    问：关于男的，可以知道什么？

23. 女：我发现这个字有好几个读音，在这儿应该读什么？
    男：我也不知道，还是查查词典吧。
    问：男的认为应该怎么做？

24. 男：现在有个留学的机会，你感兴趣吗？
    女：真的？我想了解一下。是去哪个国家啊？
    问：女的想了解什么？

25. 女：喂，您声音能大点儿吗？我没听清楚。
    男：我是说您买的灯已经到了，就在楼下，您在家吗？
    问：女的希望男的怎么样？

26. 男：你怎么没选中国历史课？我记得你很喜欢。
    女：这门课的老师是用中文讲课的，我怕听不懂。
    问：女的为什么不选那门课？

27. 女：您好！有什么可以帮您的吗？
    男：我的信用卡突然不能用了。
    问：什么东西出问题了？

28. 男：八点零五了，再不起床就迟到了。
    女：我有点儿发烧，不想去上班了，已经请过假了。
    问：女的怎么了？

29. 女：我们周末出去玩儿吧？
    男：外面这么热，我哪儿都不想去，还是家里最舒服。
    问：男的是什么意思？

30. 男：我还差十块钱，你那儿有吗？
    女：一分钱都没有了，都被我拿去买帽子了。
    问：男的还差多少钱？

第四部分

一共10个题，每题听两次。

例如：女：晚饭做好了，准备吃饭了。
　　　男：等一会儿，比赛还有三分钟就结束了。
　　　女：快点儿吧，一起吃，菜冷了就不好吃了。
　　　男：你先吃，我马上就看完了。
　　　问：男的在做什么？

现在开始第31题：

31. 男：你在网上看什么？
    女：妹妹考上大学了，我想送她个礼物。
    男：你想好送什么了吗？
    女：还没决定，你觉得笔记本电脑怎么样？
    问：关于妹妹，可以知道什么？

32. 女：对不起，我来晚了，经理还在办公室吗？
    男：没有，他早离开了，现在应该都到机场了。你怎么才来？
    女：我坐的那辆出租车半路上坏了。
    男：没办法，那只能等他回来再说。
    问：经理现在最可能在哪儿？

33. 男：今天的电影见面会结束了吗？
    女：还没有，大家都特别热情，现在还在这儿做游戏呢。
    男：你记得多照几张照片！
    女：好的，没问题。
    问：男的让女的做什么？

34. 女：我饿了，有没有吃的？
    男：桌子上有孙阿姨送的小蛋糕，你先吃点儿。
    女：还有别的吗？我不想吃甜的。
    男：那你等会儿，我们中午吃面条儿，很快就好。
    问：女的为什么不吃蛋糕？

35. 男：这条裤子不错，你喜不喜欢？
    女：我个子比较矮，穿这个不好看。
    男：那这条绿色的裙子呢？
    女：这个漂亮，我去试试。
    问：女的觉得那条裙子怎么样？

36. 女：你想教五年级这件事，和校长说了吗？
    男：说了，他不同意。
    女：为什么？
    男：他说我太年轻了，还需要再锻炼一两年。
    问：校长为什么不同意？

37. 男：哥哥不在房间里，他去哪儿了？
    女：他去体育馆打篮球了，你找他有事吗？
    男：我有个题不会做，想问问他。
    女：哪个题？我帮你看一下。
    问：哥哥去哪儿了？

38. 女：奇怪，天怎么阴了？刚才还是晴天呢。
    男：这里天气变化大，可能要下雨了。你带伞了吗？
    女：没，你有几把伞？有多的能借我一把吗？明天还你。
    男：没问题，我给你找找。
    问：现在天气怎么样？

39. 男：这是菜单。
    女：谢谢，我先看看。
    男：好的，请问还有别的需要吗？
    女：给我上一杯水吧。
    问：男的最可能是做什么的？

40. 女：您好！请问火车站怎么走？
    男：您走到前面那个路口，再一直往南走就到了。
    女：往南是说到了路口后往左走吗？
    男：对，不用一刻钟就到了。
    问：女的到了路口应该往哪儿走？

听力考试现在结束。

试卷二答案

一、听力

第一部分

1. B   2. A   3. E   4. F   5. C
6. D   7. B   8. A   9. E   10. C

第二部分

11. √   12. ×   13. √   14. √   15. √
16. ×   17. ×   18. ×   19. √   20. ×

第三部分

21. B   22. C   23. A   24. C   25. C
26. B   27. B   28. C   29. C   30. A

第四部分

31. C   32. A   33. B   34. C   35. A
36. B   37. B   38. A   39. B   40. A

二、阅读

第一部分

41. C   42. D   43. B   44. F   45. A
46. B   47. C   48. D   49. A   50. E

第二部分

51. F   52. D   53. C   54. B   55. A
56. C   57. B   58. E   59. A   60. F

第三部分

61. C   62. B   63. C   64. C   65. B
66. A   67. A   68. A   69. B   70. A

三、书写

第一部分

71．中间那盘是羊肉吗？
72．这件蓝色的衣服太旧了。
73．我对这个地方很满意。
74．瓶子里面有条小鱼。
75．他总是第一个到班里。

第二部分

76．天
77．信
78．作
79．车
80．行

汉语水平考试
HSK（三级）

试卷三

注 意

一、HSK（三级）分三部分：

　　1. 听力（40题，约35分钟）

　　2. 阅读（30题，30分钟）

　　3. 书写（10题，15分钟）

二、听力结束后，有5分钟填写答题卡。

三、全部考试约90分钟（含考生填写个人信息时间5分钟）。

中国 北京　　　　　　　　　孔子学院总部/国家汉办　编制

一、听 力

第一部分

第 1-5 题

A		B	
C		D	
E		F	

例如：男：喂，请问张经理在吗？

女：他正在开会，您半个小时以后再打，好吗？　　D

1.

2.

3.

4.

5.

第 6-10 题

A

B

C

D

E

6. ☐
7. ☐
8. ☐
9. ☐
10. ☐

- 52 -

第二部分

第 11-20 题

例如：为了让自己更健康，他每天都花一个小时去锻炼身体。

　　★ 他希望自己很健康。　　　　　　　　　　　　　　（ √ ）

　　今天我想早点儿回家。看了看手表，才五点。过了一会儿再看表，还是五点，我这才发现我的手表不走了。

　　★ 那块手表不是他的。　　　　　　　　　　　　　　（ × ）

11. ★ 他的工作和游戏有关。　　　　　　　　　　　　　（　　）

12. ★ 弟弟还不太会自己吃饭。　　　　　　　　　　　　（　　）

13. ★ 做事前要想清楚。　　　　　　　　　　　　　　　（　　）

14. ★ 他认为可以坐地铁去。　　　　　　　　　　　　　（　　）

15. ★ 他明天早上要开会。　　　　　　　　　　　　　　（　　）

16. ★ 女儿害怕大熊猫。　　　　　　　　　　　　　　　（　　）

17. ★ 他打算送条裤子做礼物。　　　　　　　　　　　　（　　）

18. ★ 他觉得那本书很简单。　　　　　　　　　　　　　（　　）

19. ★ 有些看足球赛的人不懂足球。　　　　　　　　　　（　　）

20. ★ 人们现在离不开空调。　　　　　　　　　　　　　（　　）

第三部分

第 21-30 题

例如：男：小王，帮我开一下门，好吗？谢谢！

女：没问题。您去超市了？买了这么多东西。

问：男的想让小王做什么？

　　　　A 开门 √　　　　B 拿东西　　　　C 去超市买东西

21. A 打扫房间　　　　B 带走瓶子　　　　C 喝完啤酒

22. A 车门没开　　　　B 在等妹妹　　　　C 票不见了

23. A 帽子　　　　　　B 衬衫　　　　　　C 短裤

24. A 小心些　　　　　B 别着急　　　　　C 卖便宜些

25. A 跑步　　　　　　B 游泳　　　　　　C 打篮球

26. A 生病了　　　　　B 不爱读书　　　　C 休息时间少了

27. A 爸爸　　　　　　B 爷爷　　　　　　C 奶奶

28. A 没吃饱　　　　　B 想看电影　　　　C 不想去公园

29. A 要看报纸　　　　B 想见面聊　　　　C 声音太大

30. A 机场　　　　　　B 洗手间　　　　　C 咖啡馆

第四部分

第 31-40 题

例如：女：晚饭做好了，准备吃饭了。

男：等一会儿，比赛还有三分钟就结束了。

女：快点儿吧，一起吃，菜冷了就不好吃了。

男：你先吃，我马上就看完了。

问：男的在做什么？

A 洗澡　　　　　B 吃饭　　　　　C 看电视 ✓

31. A 丈夫　　　　　B 姐姐　　　　　C 学生

32. A 八层　　　　　B 九层　　　　　C 十层

33. A 腿疼　　　　　B 在问路　　　　C 想坐船

34. A 太旧了　　　　B 容易坏　　　　C 有些小

35. A 宾馆　　　　　B 教室　　　　　C 图书馆

36. A 在刮风　　　　B 是晴天　　　　C 下雪了

37. A 搬家　　　　　B 买车　　　　　C 爬山

38. A 找邻居帮忙　　B 给孩子讲故事　C 和孩子一起锻炼

39. A 教数学　　　　B 变化很大　　　C 在买铅笔

40. A 去旅游了　　　B 买了电脑　　　C 换了手表

二、阅 读

第一部分

第41-45题

A 记得拿护照，别像上次那样忘在家里了。

B 北京银行刚才打电话过来，让我下周去上班。

C 一般这个时候小天早就到家了，今天是怎么了？

D 一到冬天，小孩子就容易感冒，一定要多注意。

E 当然。我们先坐公共汽车，然后换地铁。

F 上午买的香蕉真甜！

例如：你知道怎么去那儿吗？　　　　　　　　　　　　　（ E ）

41．放心吧，我已经放到包里了。　　　　　　　　　　　（　）

42．是啊，我女儿这两天就发烧了。　　　　　　　　　　（　）

43．他说放学后要和班里的同学去踢球，晚点儿回来。　　（　）

44．能找到那么好的工作，真为你高兴。　　　　　　　　（　）

45．是吧，而且不贵，一斤才八角五分钱。　　　　　　　（　）

第 46-50 题

A 终于到家了，我现在又饿又渴。

B 经理不在办公室，他中午出去了。你有什么事？

C 同学们，我在黑板上画了个世界地图。

D 大家的作业都给你了吗？

E 我可以和你们一起聊天儿吗？

46. 欢迎，我们在说 15 号去哪里秋游的事。　　（ E ）

47. 桌子上有茶，你喝点儿，冰箱里应该还有面包。（ A ）

48. 我家里来客人了，想向他请半天假。　　　　（ B ）

49. 还差李新的，他说下午才能完成。　　　　　（ D ）

50. 你们看，我们国家在这儿，中国在我们东边。（ C ）

第二部分

第51-55题

A 为了   B 回答   C 满意   D 影响   E 声音   F 双

例如：她说话的（ E ）多好听啊！

51．对不起，我会不会（   ）你做题？

52．奇怪，我新买的那（   ）皮鞋呢？

53．那个房子不错，西边还有块草地，我们都很（   ）。

54．（   ）解决这个问题，人们想了很多办法。

55．她话很少，你跟她说十句，她可能就（   ）你一句。

第 56-60 题

A 突然　　B 一样　　C 习惯　　D 爱好　　E 超市　　F 位

例如：A：你有什么（ D ）？

　　　B：我喜欢体育。

56．A：妈妈，太阳和月亮（　　）大吗？

　　B：当然不是，太阳比月亮大多了。

57．A：车怎么（　　）不走了？

　　B：路中间跑来一只猫，我们让它先过去吧。

58．A：你觉得这个面条儿怎么样？

　　B：好吃，就是我还不太（　　）用筷子吃饭。

59．A：小红，这是一（　　）姓张的先生让我给你的。

　　B：好的，谢谢你。

60．A：去火车站的路上有（　　）吗？我想买点儿水果。

　　B：火车站附近有一家，去那儿买吧。

第三部分

第 61-70 题

例如：您是来参加今天会议的吗？您来早了一点儿，现在才八点半。您先进来坐吧。

★ 会议最可能几点开始？

  A 八点   B 八点半   C 九点 √

61. 我家的猫和这只特别像，也是白色的，很漂亮，但我家猫的鼻子是黑色的。

  ★ 他的猫：

  A 很老了   B 不爱吃鱼   C 鼻子是黑颜色的

62. 每年中国都有几十万人出国留学，我希望自己以后也能有机会去留学，这样可以多了解一些国外的文化。

  ★ 他希望：

  A 去北方过年 B 有留学的机会 C 提高中文水平

63. 没关系，不要难过了。成绩不是最重要的，爸爸更关心的是你从这次歌唱比赛中学到了什么。

  ★ 爸爸让他：

  A 别难过   B 不要生气   C 快些结束比赛

64. 酒店试睡员是一个新鲜的工作。试睡员需要住进一家酒店，认真了解那儿的服务和环境，然后写出来发到网上，方便其他人选择酒店。

  ★ 酒店试睡员这个工作：

  A 非常忙   B 比较新鲜   C 要求很高

65. 你眼睛看到的、耳朵听到的有时不一定是真的。所以，除了多看、多听外，更重要的是要多想一想。

    ★ 这段话告诉我们：

    A 要相信自己　　　B 学习要努力　　　C 遇事要多想想

66. 音乐可以帮助病人更快地好起来。在一些医院，医生会给病人听一些特别的音乐，因为有的时候听音乐比吃药更有用。

    ★ 这段话主要讲的是，听音乐：

    A 让人更聪明　　　B 让人变年轻　　　C 对健康有帮助

67. 我们玩儿个游戏吧，你先想好一个同学的名字，然后我问你十个问题，你只能回答"是"或者"不是"，看最后我能不能说出那个人是谁。

    ★ 那个游戏：

    A 需要用地图　　　B 要四个人参加　　　C 一共问十个问题

68. 这个城市就在黄河边上，环境非常好，夏天一点儿都不热。人们都喜欢这个季节来这儿旅游。

    ★ 那个城市：

    A 街道干净　　　B 夏季不热　　　C 人们很热情

69. 我觉得只有真的喜欢才能做好一件事。我女儿跳舞跳得那么好，其实只是因为爱好跳舞，所以她从六岁到现在一直在练习。

    ★ 他女儿：

    A 非常有名　　　B 对跳舞感兴趣　　　C 特别爱看新闻

70. 如果您要出去一段时间，请让我们来照顾您的小狗吧。在这里，它会有自己的房间，我们还会经常给它洗澡，和它一起玩儿。

    ★ 根据这段话，小狗在那里会怎么样？

    A 变瘦　　　B 觉得不舒服　　　C 被照顾得很好

三、书写

第一部分

第 71-75 题

例如：小船　　河上　　一条　　有

　　　　河上有一条小船。

71. 刷牙　　你　　必须每天　　都

72. 五点　　现在　　差　　一刻

73. 拿给　　我　　请　　把　　菜单

74. 那个　　有点儿　　矮　　椅子

75. 更好看　　我发现　　你　　穿短裙

第二部分

第 76-80 题

例如：没（ 关^guān ）系，别难过，高兴点儿。

76. 他的头发又黑又（　　^cháng　　）。

77. 春天，山上的苹果树都开（　　^huā　　）了，漂亮极了！

78. 我们从小就（　　^rèn　　）识，关系不错。

79. 这个菜是羊肉（　　^zuò　　）的，你尝尝。

80. 这里的秋天就是这样，去年这个（　　^shí　　）候也总是阴天。

试卷三听力材料

（音乐，30秒，渐弱）

大家好！欢迎参加HSK（三级）考试。
大家好！欢迎参加HSK（三级）考试。
大家好！欢迎参加HSK（三级）考试。

HSK（三级）听力考试分四部分，共40题。
请大家注意，听力考试现在开始。

第一部分

一共10个题，每题听两次。

例如：男：喂，请问张经理在吗？
　　　女：他正在开会，您半个小时以后再打，好吗？

现在开始第1到5题：

1. 女：邻居王叔叔家里有两只鸟，它们的嘴是红的，叫声也特别好听。
   男：真想看看，你能带我去看一下吗？

2. 男：您好！我们几点能上飞机？
   女：不好意思，还要再等一会儿。

3. 女：这个蛋糕看起来很好吃，但我担心吃了会长胖。
   男：没关系，你尝一下，少吃一点儿。

4. 男：医生，我右边最里面的牙疼。
   女：别动，我给你检查一下。

5. 女：慢点儿走，我的脚有点儿不舒服。
   男：下次别穿这么高的鞋了。

现在开始第6到10题：

6. 男：阿姨，我多高了？
   女：一米七了，今年个子长了不少啊！

7. 女：我的照相机是不是出问题了？
   男：没事，应该是没电了。

8. 男：最近天气真冷，孩子们都不愿意起床了。
   女：对，我每天早上都要叫冬冬好几次。

9. 女：西瓜和鸡蛋都买了，还需要什么？
   男：买点儿牛奶吧，现在买还送杯子呢。

10. 男：教室里真安静啊！
    女：明天就要考试了，大家都在复习呢。

第二部分

一共10个题，每题听两次。

例如：为了让自己更健康，他每天都花一个小时去锻炼身体。
　　　★ 他希望自己很健康。

　　　今天我想早点儿回家。看了看手表，才五点。过了一会儿再看表，还是五点，我这才发现我的手表不走了。
　　　★ 那块手表不是他的。

现在开始第11题：

11. 我上学时特别爱玩儿电子游戏，后来就找了个跟游戏有关的工作。
    ★ 他的工作和游戏有关。

12. 弟弟今年两岁，还不太会自己吃饭，经常把米饭吃得脸上衣服上哪儿都是。
    ★ 弟弟还不太会自己吃饭。

13. 做事情以前想清楚先做什么后做什么，做的时候就可以少花很多时间。
    ★ 做事前要想清楚。

14. 如果你要去的地方不太远，可以骑公共自行车去，很方便，而且也能运动运动。
    ★ 他认为可以坐地铁去。

15. 明天早上公司有一个很重要的会议，我一早就要过去，你送儿子去学校吧。
    ★ 他明天早上要开会。

16. 女儿最喜欢的动物是大熊猫，她觉得大熊猫特别可爱。每次我们带她去动物园，走的时候她都要去和大熊猫说再见。
    ★ 女儿害怕大熊猫。

17. 星期日是姐姐的生日。她爱穿裙子，我决定买一条蓝色的长裙送给她。
    ★ 他打算送条裤子做礼物。

18. 这本历史书对我来说太难了。因为我只学了一年汉语，有很多字我还不认识，所以书中的很多句子我都不明白是什么意思。
    ★ 他觉得那本书很简单。

19. 看足球比赛的主要有两种人：一种是懂足球、爱足球的；一种是见别人看也跟着看的。
    ★ 有些看足球赛的人不懂足球。

20. 人们越来越离不开手机。现在的手机不但能打电话、上网，还可以用来开关空调和电灯。
    ★ 人们现在离不开空调。

第三部分

一共10个题，每题听两次。

例如：男：小王，帮我开一下门，好吗？谢谢！
　　　女：没问题。您去超市了？买了这么多东西。
　　　问：男的想让小王做什么？

现在开始第21题：

21. 女：先生，喝完的饮料瓶请不要放在这里。
    男：不好意思，我马上拿走。
    问：男的接下来会怎么做？

22. 男：你们怎么都在这儿站着不上车？
    女：车门没开，也找不到司机，只能等着。
    问：他们为什么不上车？

23. 女：我昨天穿的那件绿色的衬衫呢？
    男：我给你洗了。
    问：女的在找什么？

24. 男：小姐，我来帮您拿行李箱吧。
    女：谢谢。请小心一点儿，里面有一些盘子和碗。
    问：女的希望男的怎么样？

25. 女：你还记得这个体育馆吗？
    男：当然了，过去我和你哥常来这里打篮球。
    问：男的过去经常在体育馆做什么？

26. 男：你一边上班一边上学，一定很累吧？
    女：还好，虽然休息的时间少了，但是能学到很多东西。
    问：关于女的，可以知道什么？

27. 女：爸爸，照片上的那个人是你吗？
    男：是啊，那时我才二十三岁，还没跟你妈妈结婚呢。
    问：照片上的人是谁？

28. 男：今晚吃得有点儿多，等会儿去公园走走吧？
    女：我不去了，六点半的时候有我喜欢的电视节目。
    问：关于女的，可以知道什么？

29. 女：你给他发邮件了吗？
    男：没有，我觉得那样说不清楚，还是见面说吧。
    问：男的是什么意思？

30. 男：我到机场了，飞机还有一小时起飞，你别迟到了。
    女：不会的，我在出租车上，还有十分钟就能到。
    问：女的要去哪儿？

第四部分

一共10个题，每题听两次。

例如：女：晚饭做好了，准备吃饭了。
　　　男：等一会儿，比赛还有三分钟就结束了。
　　　女：快点儿吧，一起吃，菜冷了就不好吃了。
　　　男：你先吃，我马上就看完了。
　　　问：男的在做什么？

现在开始第31题：

31. 男：节日快乐！
    女：谢谢。你准备怎么过节？
    男：我要和同事去骑马，要不要一起去？
    女：不了，我要和丈夫去爬山。
    问：女的要和谁一起过节？

32. 女：喂，我到你家楼下了，但是我忘记你住哪一层了。
    男：八层，八〇九。上来后，左边第一家就是。
    女：知道了，电梯来了，马上上来。
    男：好，我给你开门。
    问：男的家在第几层？

33. 男：请问这附近有公共汽车站吗？
    女：有，你一直往南走，会经过一个路口，然后再往西走就到了。
    男：离这儿近不近？
    女：很近，也就十分钟。
    问：关于男的，可以知道什么？

34. 女：这辆车你没开多久吧？怎么就要换新的了？
    男：有了孩子后，觉得车有点儿小。
    女：那你想换什么样的？
    男：还没决定呢，最近正在看。
    问：男的认为自己现在的车怎么样？

35. 男：您好，我想借这两本词典。
    女：不好意思，词典不能外借，只能在这儿看。
    男：好的，谢谢。
    女：不客气。
    问：他们最可能在哪儿？

36. 女：外面雨很大吗？
    男：不太大，主要是风大，几乎不能打伞。
    女：那你快去洗个热水澡吧，别感冒了。
    男：好。
    问：现在天气怎么样？

37. 男：房子找好了吗？什么时候搬？
    女：这个周末。
    男：找搬家公司了吗？
    女：没有，我朋友有车，他说会来帮忙。
    问：女的周末要做什么？

38. 女：我儿子天天睡觉前都要玩儿会儿手机。
    男：他还小，不能让他这样玩儿。
    女：没办法，我一拿走他就哭。
    男：你要多和孩子一起玩儿，给他讲讲故事，他就不会老想着手机了。
    问：男的认为女的应该怎么做？

39. 男：我刚才在商店门口遇到高校长了。
    女：他最近怎么样？
    男：没什么变化，现在还教三年级的数学课呢。
    女：是吗？他的身体一直都很不错。
    问：关于高校长，可以知道什么？

40. 女：你这个月信用卡要还多少钱？
    男：七千六百元。
    女：怎么这么多？
    男：我这个月买了个笔记本电脑，花了不少钱。
    问：男的为什么要还那么多钱？

听力考试现在结束。

试卷三答案

一、听 力

第一部分

1. C 2. B 3. E 4. F 5. A
6. A 7. D 8. C 9. B 10. E

第二部分

11. √ 12. √ 13. √ 14. × 15. √
16. × 17. × 18. × 19. √ 20. ×

第三部分

21. B 22. A 23. B 24. A 25. C
26. C 27. A 28. C 29. B 30. A

第四部分

31. A 32. A 33. B 34. C 35. C
36. A 37. A 38. B 39. A 40. B

二、阅 读

第一部分

41. A 42. D 43. C 44. B 45. F
46. E 47. A 48. B 49. D 50. C

第二部分

51. D 52. F 53. C 54. A 55. B
56. B 57. A 58. C 59. F 60. E

第三部分

61. C 62. B 63. A 64. B 65. C
66. C 67. C 68. B 69. B 70. C

三、书写

第一部分

71. 你必须每天都刷牙。
72. 现在差一刻五点。
73. 请把菜单拿给我。
74. 那个椅子有点儿矮。
75. 我发现你穿短裙更好看。

第二部分

76. 长
77. 花
78. 认
79. 做
80. 时

汉语水平考试 HSK（三级）

试卷四

注 意

一、HSK（三级）分三部分：

1. 听力（40题，约35分钟）
2. 阅读（30题，30分钟）
3. 书写（10题，15分钟）

二、听力结束后，有5分钟填写答题卡。

三、全部考试约90分钟（含考生填写个人信息时间5分钟）。

中国 北京　　　　孔子学院总部/国家汉办　编制

一、听 力

第一部分

第1-5题

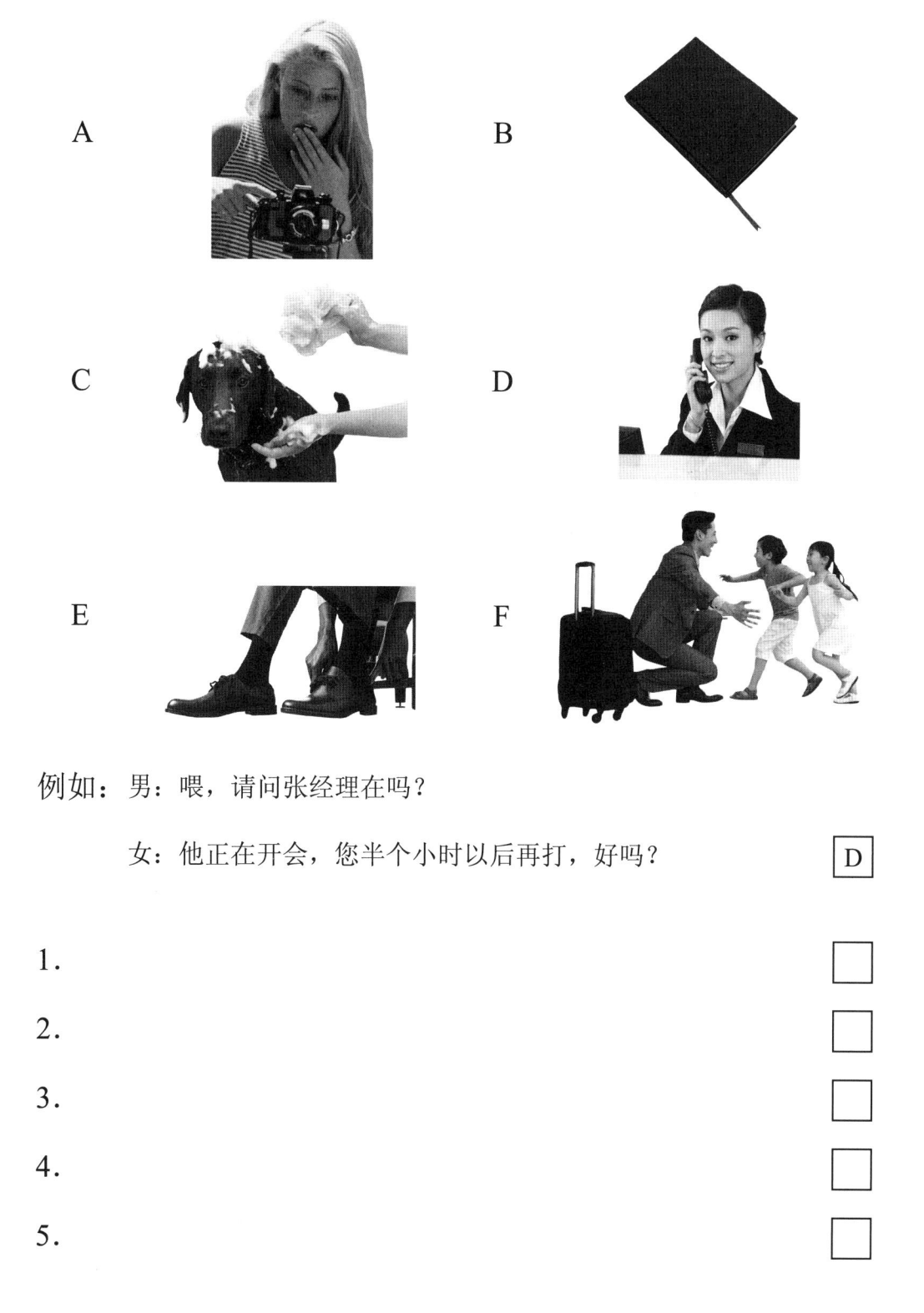

A
B
C
D
E
F

例如：男：喂，请问张经理在吗？

女：他正在开会，您半个小时以后再打，好吗？　　D

1. ☐
2. ☐
3. ☐
4. ☐
5. ☐

第 6—10 题

A B
C D
E

6. ☐
7. ☐
8. ☐
9. ☐
10. ☐

第二部分

第 11-20 题

例如：为了让自己更健康，他每天都花一个小时去锻炼身体。

  ★ 他希望自己很健康。   (√)

  今天我想早点儿回家。看了看手表，才五点。过了一会儿再看表，还是五点，我这才发现我的手表不走了。

  ★ 那块手表不是他的。   (×)

11．★ 昨天晚上下了大雪。   (　　)

12．★ 他要去送护照。   (　　)

13．★ 那个超市离得很远。   (　　)

14．★ 他和小王很久没见面了。   (　　)

15．★ 那个题不难。   (　　)

16．★ 图书馆已经关门了。   (　　)

17．★ 黄先生锻炼得太少了。   (　　)

18．★ 他的猫有时候会在包里睡觉。   (　　)

19．★ 哥哥对他的影响最大。   (　　)

20．★ 他打算让小高参加比赛。   (　　)

第三部分

第 21-30 题

例如：男：小王，帮我开一下门，好吗？谢谢！
女：没问题。您去超市了？买了这么多东西。
问：男的想让小王做什么？

A 开门 ✓ B 拿东西 C 去超市买东西

21. A 很贵　　　　　　B 字很小　　　　　　C 太黑了

22. A 长得年轻　　　　B 不到40岁　　　　　C 有两个妹妹

23. A 经理　　　　　　B 校长　　　　　　　C 司机

24. A 很一般　　　　　B 很容易　　　　　　C 很好玩儿

25. A 体育　　　　　　B 音乐　　　　　　　C 电脑

26. A 哭了　　　　　　B 生病了　　　　　　C 生气了

27. A 安静些　　　　　B 热情些　　　　　　C 快乐点儿

28. A 太老了　　　　　B 太矮了　　　　　　C 太胖了

29. A 商店里　　　　　B 街道上　　　　　　C 教室里

30. A 29元　　　　　　B 39元　　　　　　　C 49元

第四部分

第 31-40 题

例如：女：晚饭做好了，准备吃饭了。
　　　男：等一会儿，比赛还有三分钟就结束了。
　　　女：快点儿吧，一起吃，菜冷了就不好吃了。
　　　男：你先吃，我马上就看完了。
　　　问：男的在做什么？
　　　　　A 洗澡　　　　　B 吃饭　　　　　C 看电视 ✓

31. A 绿色　　　　　B 黄色　　　　　C 蓝色

32. A 宾馆　　　　　B 银行　　　　　C 图书馆

33. A 想喝啤酒　　　B 不爱喝甜的　　C 觉得不便宜

34. A 是六班的　　　B 不愿意帮忙　　C 历史不太好

35. A 同事　　　　　B 夫妻　　　　　C 师生

36. A 累极了　　　　B 不太习惯　　　C 变化很大

37. A 没带伞　　　　B 鼻子不舒服　　C 没骑自行车

38. A 中间的　　　　B 西边的　　　　C 外面的

39. A 要上班　　　　B 发烧了　　　　C 起床晚了

40. A 住在七层　　　B 西瓜不新鲜　　C 已经搬家了

二、阅 读

第一部分

第41-45题

A 菜单呢？我们再点一个羊肉吧？

B 好的，但我只有一张100块的了，给。

C 你的作业我帮你检查过了。

D 最近天气真不好，不是刮风，就是下雨。

E 当然。我们先坐公共汽车，然后换地铁。

F 你选的歌是有点儿难，你再试试吧。

例如：你知道怎么去那儿吗？　　　　　　　　　　　　（ E ）

41．错的地方我都用铅笔画出来了。　　　　　　　　　　（　）

42．不要了，这碗米饭我都吃不完了。　　　　　　　　　（　）

43．不好意思，我刚才唱错了，能再给我一次机会吗？　　（　）

44．鸡蛋一共是八元六角五分，您拿好。　　　　　　　　（　）

45．好久没见到太阳了，希望明天是个晴天。　　　　　　（　）

第 46-50 题

A 我买的面包呢？我记得放冰箱里了。

B 是的，它在我们的文化中非常重要。

C 自行车坏了，我走路回来的，好渴啊。

D 九点一刻再去，放心吧，不会迟到的。

E 上午我突然觉得不舒服，是一位阿姨送我去医院的。

46．这个节日只有你们国家才有吗？ （　　）

47．我上网查过了，火车站很近。 （　　）

48．瓶子里有水，你先喝点儿吧。 （　　）

49．我想去谢谢她，但是忘记问她的姓名了。 （　　）

50．对不起，被我吃了，我昨晚太饿了。 （　　）

第二部分

第 51-55 题

A 像　　B 种　　C 发　　D 一定　　E 声音　　F 为了

例如：她说话的（ E ）多好听啊！

51．你知道这（　　）树叫什么名字吗？

52．这孩子的眼睛和嘴特别（　　）他爸爸。

53．王叔叔（　　）来电子邮件说，欢迎我们都去。

54．别难过了，我相信你下次（　　）能考第一。

55．（　　）了解国家大事，爷爷每天都会看报纸。

第 56-60 题

A 然后　　B 一样　　C 最近　　D 爱好　　E 选择　　F 节目

例如：A：你有什么（ D ）？

B：我喜欢体育。

56．A：雪下得真大，你看你头发都变白了。

B：你还笑我，你不也（　　）吗？

57．A：快来，春节晚会要开始了。

B：今年有什么好看的（　　）吗？

58．A：这次的会议必须说中文吗？

B：没有要求，你可以自己（　　）。

59．A：星期日我们去买衣服吧，你不是想买条裙子吗？

B：不了，我（　　）要还信用卡，没多少钱了。

60．A：工作终于结束了，我们一起出去吃个饭吧。

B：好啊，先去吃饭，（　　）去看个电影，怎么样？

第三部分

第 61-70 题

例如：您是来参加今天会议的吗？您来早了一点儿，现在才八点半。您先进来坐吧。

★ 会议最可能几点开始？

A 八点　　　　　B 八点半　　　　　C 九点 ✓

61. 姐，花瓶里的水好几天没换了，你打扫房间的时候记得换一下啊。

★ 他让姐姐：

A 忘记过去　　　B 试试新裤子　　　C 给花瓶换水

62. 长春是中国东北一个很有名的城市。比起附近其他的城市，长春冬天没那么冷，夏天也不太热，所以人们叫它"北国春城"。

★ 长春：

A 在南方　　　　B 非常有名　　　　C 冬季时间短

63. 我妻子虽然已经学会了开车，但她害怕自己开车上路，现在每天上下班还是我接送她。

★ 他妻子：

A 会开车　　　　B 想坐船　　　　　C 不让丈夫接送

64. 这本书跟一般的书不太一样，因为它是一本有"声音"的书。孩子们可以一边看一边听，只需要用手点一下书里面的画儿，它就会开始讲故事。

★ 那本书：

A 能唱歌　　　　B 可以画画儿　　　C 能发出声音

65. 有时候，不要对自己要求太高，很多事情我们没办法做到让每个人都满意，所以最重要的是做好自己应该做的。

    ★ 这段话告诉我们：

       A 做事应努力　　　B 要多关心别人　　　C 要做好该做的

66. 如果你经常坐公共汽车或者地铁，那办一张卡会比较方便，上下车刷卡就可以了，不用每次都买票。

    ★ 他觉得：

       A 地铁更快　　　　B 办卡更方便　　　　C 不需要手表

67. 我的爸爸是医生，他每天都很忙，周末也总要上班，但他几乎没说过累，工作起来非常认真，对每个病人都很关心。

    ★ 他爸爸：

       A 总是迟到　　　　B 工作认真　　　　　C 经常请假

68. 有些女孩儿为了能瘦一点儿，不怎么吃饭，只吃点儿苹果或者香蕉。其实这样不但不一定能瘦下来，而且对身体也不好，很不健康。

    ★ 根据这段话，可以知道：

       A 要多吃鸡蛋　　　B 面条儿不好吃　　　C 只吃水果不健康

69. 我自己很喜欢音乐，所以在儿子很小的时候就让他学习音乐。他在这样的环境中长大，对唱歌、跳舞也都很感兴趣。

    ★ 关于他的儿子，可以知道：

       A 很聪明　　　　　B 爱好跳舞　　　　　C 是教数学的

70. 要想提高汉语水平，其实不难，我认为主要有两点：一是课上要多说多写，不要害怕说错、写错；二是课后多练习，可以多看中文电影、多和中国朋友聊天儿，慢慢地就会越说越好了。

    ★ 他认为要想学好汉语，应该：

       A 多说多练　　　　B 注意查词典　　　　C 去中国留学

三、书 写

第一部分

第 71-75 题

例如：小船　　河上　　一条　　有

　　　河上有一条小船。

71. 花了　　11 000 块　　我家的空调

72. 特别准备　　杯子　　的　　这是　　为你

73. 去黄河　　哪个季节　　玩儿　　你想

74. 牛　　那些草　　被　　吃了

75. 生日礼物　　我打算　　一个　　送她

第二部分

第 76-80 题

例如：没（ 关^{guān} ）系，别难过，高兴点儿。

76．阴（ tiān ）的晚上可能见不到月亮。

77．世界上有一种没有脚的鸟，这是（ zhēn ）的吗？

78．那辆马（ chē ）多么漂亮啊！真想上去坐一坐。

79．我（ bù ）同意，你必须先完成作业才能去看电视。

80．小李，你再往（ zhōng ）间站一点儿。

试卷四听力材料

（音乐，30秒，渐弱）

大家好！欢迎参加HSK（三级）考试。
大家好！欢迎参加HSK（三级）考试。
大家好！欢迎参加HSK（三级）考试。

HSK（三级）听力考试分四部分，共40题。
请大家注意，听力考试现在开始。

第一部分

一共10个题，每题听两次。

例如：男：喂，请问张经理在吗？
　　　女：他正在开会，您半个小时以后再打，好吗？

现在开始第1到5题：

1. 女：爸爸，您终于回来了，有没有给我们带礼物？
   男：当然，在行李箱里呢！回去给你们。

2. 男：这本黑色的笔记本是你的吗？
   女：是的，谢谢。

3. 女：今天我们要去爬山，你怎么还穿皮鞋啊？
   男：我忘了，我马上去换。

4. 男：你弟弟去哪儿了？
   女：他在洗手间给小狗洗澡呢。

5. 女：我的照相机坏了，上次我们去北京旅游的照片都没了。
   男：没关系，我这儿有，一会儿发给你。

现在开始第6到10题：

6. 男：这家饭店什么菜最好吃？
   女：只听说这儿的鱼做得不错，别的不太了解。

7. 女：怎么了？又头疼了吗？
   男：没事，别担心，你帮我拿一下桌子上的药。

8. 男：你刚才跟谁打电话呢？那么高兴。
   女：我最好的朋友，她这个月二十七号就要结婚了。

9. 女：刷牙的时候要上下来回刷，不要一直左右刷。
   男：好的，我记住了。

10. 男：你今天怎么也没坐电梯？
    女：吃得太饱了，走楼梯运动运动。

第二部分

一共10个题，每题听两次。

例如：为了让自己更健康，他每天都花一个小时去锻炼身体。
★ 他希望自己很健康。

今天我想早点儿回家。看了看手表，才五点。过了一会儿再看表，还是五点，我这才发现我的手表不走了。
★ 那块手表不是他的。

现在开始第11题：

11. 昨天晚上雨下得很大，城市的街道像被洗过一样，变得非常干净。
    ★ 昨天晚上下了大雪。

12. 喂，你别着急，我已经坐上出租车了，马上就把护照给你送过来，等我十五分钟。
    ★ 他要去送护照。

13. 那个超市离这儿很近，你往前一直走，看到一个红绿灯路口，再往左走两三百米就到了。
    ★ 那个超市离得很远。

14. 我已经很久没见过小王了，和他最后一次见面还是在去年秋天，他那时已经离开以前的公司了。
    ★ 他和小王很久没见面了。

15. 刚才那个题是关于动物的，比较简单，大家都回答对了。
    ★ 那个题不难。

16. 同学们，如果谁还要借书或者还书的话，请在这周五前去图书馆，从下个星期开始，图书馆就不开门了。
    ★ 图书馆已经关门了。

17. 黄先生，你的腿没有什么大问题，只是运动过多，以后注意锻炼的时间不要太长。
    ★ 黄先生锻炼得太少了。

18. 我的猫在哪儿都能睡觉，有时在我的帽子里，有时在我的包里，我经常找不到它。
    ★ 他的猫有时候会在包里睡觉。

19. 我很小的时候，爸妈就出国了，一直都是爷爷奶奶在照顾我，他们对我的影响最大。
    ★ 哥哥对他的影响最大。

20. 这几个月，小高练习游泳非常努力，成绩提高得很快，所以我决定这次的比赛让小高去参加。
    ★ 他打算让小高参加比赛。

第三部分

一共10个题，每题听两次。

例如：男：小王，帮我开一下门，好吗？谢谢！
　　　女：没问题。您去超市了？买了这么多东西。
　　　问：男的想让小王做什么？

现在开始第21题：

21. 女：你不是有一张世界地图吗？
    男：那张地图上的字太小了，好多地方都看不清楚。
    问：男的觉得那张地图怎么样？

22. 男：那是你妈妈？看上去真年轻！
    女：是啊，大家都说我们像姐妹。
    问：关于她妈妈，可以知道什么？

23. 女：请问，这里是校长办公室吗？
    男：是的，但是校长现在不在，他正在和三年级的老师开会呢。
    问：谁现在不在？

24. 男：我发现最近很多人都在玩儿这个手机游戏。
    女：是啊，这个游戏很有意思，里面那只熊猫也特别可爱。
    问：女的觉得那个游戏怎么样？

25. 女：小雨，听说你哥哥篮球打得很好？
    男：是的，他体育很好，足球也踢得不错。
    问：小雨的哥哥什么很好？

26. 男：你的感冒好些了吗？
    女：好多了，再休息两天就可以上班了。
    问：女的怎么了？

27. 女：这么晚了，楼上在做什么，声音这么大？
    男：他们家今天来了客人，我上去看看，让他们安静点儿。
    问：男的希望楼上的人怎么样？

28. 男：你个子长高了，就是还有点儿瘦。
    女：不瘦，我都五十五公斤了，太胖了。
    问：女的觉得自己怎么样？

29. 女：黑板上的句子大家都会了吗？
    男：老师，您能再讲一下"经过"这个词吗？我还不太明白。
    问：他们最有可能在哪儿？

30. 男：这个水果盘怎么卖？
    女：三十九一个，今天买的话还会送五双筷子。
    问：那个盘子多少钱？

第四部分

一共10个题，每题听两次。

例如：女：晚饭做好了，准备吃饭了。
    男：等一会儿，比赛还有三分钟就结束了。
    女：快点儿吧，一起吃，菜冷了就不好吃了。
    男：你先吃，我马上就看完了。
    问：男的在做什么？

现在开始第31题：

31. 男：小姐，这件衬衫怎么样？
    女：我不太喜欢这个颜色。
    男：还有其他颜色，您看喜欢吗？
    女：那拿件蓝色的我试试吧。
    问：女的想试什么颜色的衬衫？

32. 女：您好，有什么可以帮您的？
    男：请问明天还有房间吗？
    女：只有一个双人间了。
    男：好吧，我就要这间吧。
    问：他们很可能在哪儿？

33. 男：服务员，除了咖啡和茶，你们还有什么饮料？
    女：我们的奶茶很不错，您可以尝尝。
    男：我不太想喝甜的，还是给我来杯茶吧。
    女：好的，先生。
    问：男的为什么不想喝奶茶？

34. 女：快考试了吧？复习得怎么样了？
    男：其他都还好，就是历史比较差。
    女：不懂的地方要多问老师。
    男：好的，我会努力的。
    问：关于男的，可以知道什么？

35. 男：给你介绍一下，这是我的同事张新。
    女：不用了，我们早就认识了。
    男：奇怪，你们怎么认识的？
    女：我早上在公园跑步的时候经常遇到她，没想到她是你同事。
    问：男的和张新是什么关系？

36. 女：你女儿读大学了吧？学的是什么？
    男：新闻，她喜欢写东西。
    女：她在学校怎么样？
    男：还有点儿不习惯，这是她第一次离开家。
    问：女儿在大学里怎么样？

37. 男：你怎么还不走？没带伞吗？
    女：是的，没想到突然下这么大的雨。
    男：没事，我带了，我们一起走吧。
    女：太好了，谢谢。
    问：女的怎么了？

38. 女：您好！请进。请问一共几位？
    男：九位，有大一点儿的桌子吗？
    女：中间那张怎么样？再搬两个椅子就可以了。
    男：好的，我们就坐那儿吧。
    问：男的打算坐哪张桌子？

39. 男：你到机场了吗？
    女：到了，飞机很快就要起飞了。
    男：对不起，今天要上班，不能去送你，你自己小心。
    女：没关系，我一个人可以，再见！
    问：男的为什么没去送女的？

40. 女：你搬家的事情解决了吗，后来怎么样？
    男：解决了，还要多谢你给我介绍的搬家公司。
    女：别客气，应该的。
    男：有时间到我的新家来坐坐。
    女：好的，没问题。
    问：男的是什么意思？

听力考试现在结束。

试卷四答案

一、听 力

第一部分

1. F 2. B 3. E 4. C 5. A
6. B 7. C 8. D 9. A 10. E

第二部分

11. × 12. √ 13. × 14. √ 15. √
16. × 17. × 18. √ 19. × 20. √

第三部分

21. B 22. A 23. B 24. C 25. A
26. B 27. A 28. C 29. C 30. B

第四部分

31. C 32. A 33. B 34. C 35. A
36. B 37. A 38. A 39. A 40. C

二、阅 读

第一部分

41. C 42. A 43. F 44. B 45. D
46. B 47. D 48. C 49. E 50. A

第二部分

51. B 52. A 53. C 54. D 55. F
56. B 57. F 58. E 59. C 60. A

第三部分

61. C 62. B 63. A 64. C 65. C
66. B 67. B 68. C 69. B 70. A

三、书 写

第一部分

71. 我家的空调花了 11 000 块。
72. 这是为你特别准备的杯子。
73. 你想哪个季节去黄河玩儿？
74. 那些草被牛吃了。
75. 我打算送她一个生日礼物。

第二部分

76. 天
77. 真
78. 车
79. 不
80. 中

汉语水平考试
HSK（三级）

试 卷 五

注 意

一、HSK（三级）分三部分：

1. 听力（40题，约35分钟）

2. 阅读（30题，30分钟）

3. 书写（10题，15分钟）

二、听力结束后，有5分钟填写答题卡。

三、全部考试约90分钟（含考生填写个人信息时间5分钟）。

中国 北京　　　　　　　　　　孔子学院总部/国家汉办　编制

一、听 力

第一部分

第 1-5 题

A　　　　　　　　　　B

C　　　　　　　　　　D

E　　　　　　　　　　F

例如：男：喂，请问张经理在吗？

　　　女：他正在开会，您半个小时以后再打，好吗？　　　D

1. ☐
2. ☐
3. ☐
4. ☐
5. ☐

- 99 -

第 6–10 题

A

B

C

D

E

6. ☐
7. ☐
8. ☐
9. ☐
10. ☐

第二部分

第 11-20 题

例如：为了让自己更健康，他每天都花一个小时去锻炼身体。

★ 他希望自己很健康。 (√)

今天我想早点儿回家。看了看手表，才五点。过了一会儿再看表，还是五点，我这才发现我的手表不走了。

★ 那块手表不是他的。 (×)

11．★ 小李个子比较矮。 (   )

12．★ 妹妹现在没有工作。 (   )

13．★ 他上午没去开会。 (   )

14．★ 一楼洗手间不太干净。 (   )

15．★ 他和小高认识时间不长。 (   )

16．★ 王奶奶说话很快。 (   )

17．★ 他决定以后往前坐。 (   )

18．★ 小晴对那儿非常了解。 (   )

19．★ 张小姐还没写名字。 (   )

20．★ 那只猫大了很多。 (   )

第三部分

第 21-30 题

例如：男：小王，帮我开一下门，好吗？谢谢！
　　　女：没问题。您去超市了？买了这么多东西。
　　　问：男的想让小王做什么？

　　　　　A 开门 ✓　　　　B 拿东西　　　　C 去超市买东西

21.　A 茶杯　　　　B 铅笔　　　　C 词典

22.　A 叔叔　　　　B 丈夫　　　　C 爷爷

23.　A 星期一　　　B 星期四　　　C 星期日

24.　A 东边　　　　B 西边　　　　C 北边

25.　A 医生　　　　B 司机　　　　C 张阿姨

26.　A 很渴　　　　B 很生气　　　C 发烧了

27.　A 旅游　　　　B 找同学　　　C 学画画儿

28.　A 办护照　　　B 打扫教室　　C 准备考试

29.　A 饿了　　　　B 耳朵疼　　　C 吃多了

30.　A 去留学　　　B 成绩不太好　C 别告诉别人

第四部分

第 31-40 题

例如：女：晚饭做好了，准备吃饭了。

男：等一会儿，比赛还有三分钟就结束了。

女：快点儿吧，一起吃，菜冷了就不好吃了。

男：你先吃，我马上就看完了。

问：男的在做什么？

　　A 洗澡　　　　　　B 吃饭　　　　　　C 看电视　✓

31.　A 上网慢　　　　　B 不能照相　　　　C 旧电脑不见了

32.　A 汽车　　　　　　B 火车　　　　　　C 出租车

33.　A 很老　　　　　　B 很奇怪　　　　　C 更可爱

34.　A 是老师　　　　　B 想帮助男的　　　C 不关心学生

35.　A 应该买苹果　　　B 害怕买贵了　　　C 香蕉买多了

36.　A 裙子　　　　　　B 裤子　　　　　　C 帽子

37.　A 下雪了　　　　　B 下雨了　　　　　C 在刮风

38.　A 商店　　　　　　B 飞机上　　　　　C 电梯里

39.　A 买面包　　　　　B 写菜单　　　　　C 洗盘子和碗

40.　A 动物　　　　　　B 太阳　　　　　　C 文化

二、阅 读

第一部分

第 41-45 题

A 对，老师上课就像讲故事一样。

B 我喜欢出国旅游，每到一个国家都会买一张。

C 都小了，我准备给他买几件新的。

D 她换住的地方了，从家到公司要一个多小时。

E 当然。我们先坐公共汽车，然后换地铁。

F 别担心，他刚才来电话说已经进站了。

例如：你知道怎么去那儿吗？　　　　　　　　　　　　　（ E ）

41．爸爸怎么还没到？火车还有20分钟就要开了。　　　（　　）

42．儿子今年胖了不少，这些衬衫还能穿吗？　　　　　（　　）

43．刘小月最近上班为什么总是来得比较晚？　　　　　（　　）

44．你怎么有这么多地图？　　　　　　　　　　　　　（　　）

45．我觉得历史课太有意思了。　　　　　　　　　　　（　　）

第 46-50 题

A 我觉得很一般,你尝尝看。

B 你还记得这个笔记本吗?

C 我也不知道,没写名字吗?

D 你的信用卡是在哪儿办的?

E 是啊,去年春天来的时候还没有这么多花花草草呢。

46. 这个城市的街道两旁比以前漂亮了很多。　　　　(　　)

47. 我办公桌上的请假单是谁的?　　　　(　　)

48. 这种咖啡怎么样?好喝吗?　　　　(　　)

49. 当然,这是你 20 岁生日时我送的礼物。　　　　(　　)

50. 学校南门那家北京银行。　　　　(　　)

第二部分

第 51-55 题

A 影响   B 位   C 刷牙   D 别人   E 声音   F 空调

例如：她说话的（ E ）多好听啊！

51．在姐姐的（   ）下，我也慢慢地喜欢上了跳舞。

52．你感冒还没好，就别开（   ）了。

53．我们不用去和（   ）比，做好自己就可以了。

54．右边那（   ）就是我们的经理，他姓马。

55．你别一边（   ）一边说话，我听不清楚。

第 56-60 题

A 完成　　B 拿　　C 多么　　D 爱好　　E 游戏　　F 见面

例如：A：你有什么（ D ）？

B：我喜欢体育。

56．A：树上那只鸟（　　）漂亮啊！

B：它的嘴和腿怎么都是红色的？我还是第一次见。

57．A：今天的工作（　　）了吗？

B：快了，还有几个电子邮件没发。

58．A：你不是带弟弟游泳去了吗？怎么回来了？

B：我忘（　　）游泳卡了，走到半路才想起来。

59．A：我五点还要跟一个客人（　　），快迟到了，怎么办？

B：别着急，我开车送你过去。

60．A：这个（　　）真好玩儿，我能不能再玩儿一会儿？

B：不可以，每天只能玩儿半个小时。

第三部分

第 61-70 题

例如：您是来参加今天会议的吗？您来早了一点儿，现在才八点半。您先进来坐吧。

　　★ 会议最可能几点开始？

　　　A 八点　　　　　B 八点半　　　　　C 九点 ✓

61. 你放心，我刚才上网查过了，每天都有很多火车去北京，所以我们不用着急买票。

　　★ 根据这段话，可以知道他们：

　　　A 在找椅子　　　B 在看报纸　　　　C 还没买票

62. 难过的时候可以听听音乐或者找人聊聊天儿，这样可能会让我们忘记那些不快乐的事情。

　　★ 难过时，可以：

　　　A 看电影　　　　B 喝啤酒　　　　　C 找人聊天儿

63. 我妻子的中文一开始不太好，后来经过一段时间的努力学习，她的水平有了很大提高，很多常用的字词和句子她都知道是什么意思了。

　　★ 他的妻子：

　　　A 爱运动　　　　B 在学汉语　　　　C 身体不好

64. 为了眼睛的健康，我们不要长时间玩儿手机或者电脑，看书时也不要让眼睛离书本太近。

　　★ 根据这段话，我们应该注意什么？

　　　A 多吃鱼　　　　B 早点儿起床　　　C 少玩儿手机

65. 你读这本书的时候，一开始可能会觉得读不太懂，但越往后读你越会觉得它其实很容易明白，而且也会发现它很有意思。

    ★ 说话人觉得那本书：

    A 很有名　　　　　B 有意思　　　　　C 练习题少

66. 这家饭店的服务员特别热情，点菜的时候，他们会先了解客人的要求，然后再介绍菜。客人们对他们的服务都非常满意。

    ★ 关于那家饭店，可以知道什么？

    A 服务热情　　　　B 环境很差　　　　C 只卖面条儿

67. 我认为快乐其实很简单，有时一声谢谢、一个笑脸，或者一件小小的礼物，都能让我觉得快乐。

    ★ 说话人觉得：

    A 很难选择　　　　B 快乐不难　　　　C 不需要帮忙

68. 这种蛋糕是用新鲜的牛奶和鸡蛋做的，中间还放了很多水果。我刚才吃了一块，特别好吃，大家快来尝尝吧。

    ★ 那种蛋糕：

    A 像月亮　　　　　B 很好吃　　　　　C 太甜了

69. 我看看还有多少钱，五张一元的，一张五角的，一共五元五角。三个人坐公共汽车的话，还差五角，我们还是走路回去吧。

    ★ 根据这段话，可以知道他们：

    A 走路回家　　　　B 愿意去唱歌　　　C 多了三分钱

70. 这儿一楼卖衣服，二楼卖鞋，三楼的东西比较多，但那儿主要是卖旅游用的东西，有包也有行李箱。你想买皮鞋的话应该去二楼。

    ★ 在三楼可以买到：

    A 药　　　　　　　B 羊肉　　　　　　C 行李箱

三、书 写

第一部分

第 71-75 题

例如：小船　　河上　　一条　　有

　　　河上有一条小船。

71. 事情　　被他　　了　　解决　　已经

72. 这个地方　　很大　　变化

73. 这儿　　一双　　有　　筷子

74. 一直　　阴天　　最近　　都是

75. 比健康　　没有什么　　更重要

第二部分

第76-80题

例如：没（ 关^{guān} ）系，别难过，高兴点儿。

76．这个瓶子的（ kǒu ）太小了。

77．他相信（ zì ）己的回答是对的。

78．这几天大家住宾馆一共（ huā ）了 12 080 块钱。

79．欢迎大家下次再（ lái ）世界公园玩儿，再见！

80．你这么聪明，一定没（ wèn ）题的。

试卷五听力材料

（音乐，30秒，渐弱）

大家好！欢迎参加HSK（三级）考试。
大家好！欢迎参加HSK（三级）考试。
大家好！欢迎参加HSK（三级）考试。

HSK（三级）听力考试分四部分，共40题。
请大家注意，听力考试现在开始。

第一部分

一共10个题，每题听两次。

例如：男：喂，请问张经理在吗？
　　　女：他正在开会，您半个小时以后再打，好吗？

现在开始第1到5题：

1. 女：你怎么了？不舒服吗？
   男：我昨晚没睡好，现在有点儿头疼。

2. 男：好漂亮的花儿啊！谁送的？
   女：这是我为陈老师准备的教师节礼物。

3. 女：快来吃水果。
   男：我刚才吃了几块西瓜，现在不想吃了。

4. 男：看，我爸妈上个月去旅游的照片。
   女：他们看起来真年轻。

5. 女：你的自行车可以借我骑吗？我想去图书馆还书。
   男：我也正要过去呢，一起去吧。

现在开始第6到10题：

6. 男：谢谢你来看我，我的腿已经好多了。
   女：别客气。你以后踢足球一定要小心啊。

7. 女：周先生早！你每天都来锻炼吗？
   男：没有，我只有周末的时候才出来跑跑步。

8. 男：听说你最近对中国音乐很感兴趣。
   女：是啊，我几乎每天都会听两三个小时。

9. 女：这家饭店的环境真不错，很安静。
   男：对，这儿的菜也好吃极了，我经常和同事来。

10. 男：这么多东西，一次能搬完吗？
    女：没问题，我找了搬家公司，会来一辆大车。

第二部分

一共10个题，每题听两次。

例如：为了让自己更健康，他每天都花一个小时去锻炼身体。
   ★他希望自己很健康。

   今天我想早点儿回家。看了看手表，才五点。过了一会儿再看表，还是五点，我这才发现我的手表不走了。
   ★那块手表不是他的。

现在开始第11题：

11. 小李，你和你哥长得真像，都是高高瘦瘦的，而且都爱穿蓝色的衣服。
    ★小李个子比较矮。

12. 妹妹结婚后变得非常忙，她白天上班，晚上回家还要照顾孩子，但她说她不觉得累。
    ★妹妹现在没有工作。

13. 我上午突然有事，所以没去参加会议，校长在会上说什么了？
    ★他上午没去开会。

14. 先生，对不起，这个洗手间的灯坏了。请您去二层的洗手间，从前面电梯上去，出电梯后左手边就是。
    ★一楼洗手间不太干净。

15. 我和小高是十多年的朋友，虽然我们不常见面，但关系一直很好。
    ★他和小高认识时间不长。

16. 邻居王奶奶说话不但快，而且声音特别小，不认真听的话可能会听不明白。
    ★ 王奶奶说话很快。

17. 数学老师的字写得太小了，黑板上的那些题我都看不清楚，下次上课我必须往前面坐。
    ★ 他决定以后往前坐。

18. 小晴，你来这儿没多久，对这儿的环境应该还不太了解，哪天我带你去附近走走。
    ★ 小晴对那儿非常了解。

19. 张小姐，请您先看一下这上面的要求，如果您都同意的话，请在最下面写上您的名字。
    ★ 张小姐还没写名字。

20. 这只猫长得真快啊！我记得去年冬天来你家玩儿的时候它还很小，才几个月的时间就长这么大了。
    ★ 那只猫大了很多。

第三部分

一共 10 个题，每题听两次。

例如：男：小王，帮我开一下门，好吗？谢谢！
　　　女：没问题。您去超市了？买了这么多东西。
　　　问：男的想让小王做什么？

现在开始第 21 题：

21. 女：你看见我的词典了吗？我中午写作业的时候还用过呢。
    男：我把它放在你房间的桌子上了。
    问：女的在找什么？

22. 男：你怎么哭了？出什么事了？
    女：我爷爷生病住院了，我很担心他。
    问：女的在担心谁？

23. 女：你下星期哪天有时间？我们一起去爬山吧。
    男：好啊！除了星期四，其他时间都可以。
    问：男的下周哪天没时间？

24. 男：你好！请问黄河公园离这儿还有多远？
    女：不远了，你向东再走六七百米就到了。
    问：男的应该往哪边走？

25. 女：你们怎么都站在这儿不上车？
    男：车门关着呢，司机还没来，没办法上车。
    问：谁还没到？

26. 男：打了一下午的篮球，真渴，家里有什么喝的吗？
    女：冰箱里有水和饮料，你自己去拿吧。
    问：男的怎么了？

27. 女：我想明年去北京玩儿，哪个季节去比较好呢？
    男：秋季吧，那时候不冷也不热，而且晴天多。
    问：女的打算明年去北京做什么？

28. 男：考试终于结束了，可以好好休息了。
    女：是啊，这段时间忙着准备考试，天天复习，太累了。
    问：他们最近在忙什么？

29. 女：小狗是不是饿了？怎么一直在叫？
    男：它刚才已经吃饱了。可能有人来了，我出去看看。
    问：女的认为小狗为什么会一直叫？

30. 男：我很想去留学，但又不想离开家人。
    女：现在有这么好的机会你就去吧，两年时间很快就过去了。
    问：女的是什么意思？

第四部分

一共10个题，每题听两次。

例如：女：晚饭做好了，准备吃饭了。
    男：等一会儿，比赛还有三分钟就结束了。
    女：快点儿吧，一起吃，菜冷了就不好吃了。
    男：你先吃，我马上就看完了。
    问：男的在做什么？

现在开始第31题：

31. 男：我想换个电脑。
    女：你现在的电脑不是没用多久吗?
    男：这个电脑上网越来越慢了。
    女：那你送去店里找人检查一下,看哪儿出了问题。
    问：男的为什么想换电脑?

32. 女：你坐火车回家吗?
    男：我先坐火车,再坐船,最后坐出租车。
    女：那很不方便呢。
    男：是啊。
    问：男的回家要先坐什么?

33. 男：你头发怎么这么短了?
    女：夏天太热了,短点儿更舒服。
    男：其实我觉得你短发看着更年轻也更可爱。
    女：真的吗?谢谢。
    问：男的觉得女的短发怎么样?

34. 女：没想到能在学校遇到你。
    男：我也是。我送女儿来上学,你也来送孩子吗?
    女：不是,我是二年级的老师。
    男：那你教几班?我女儿在二年级三班。
    问：关于女的,可以知道什么?

35. 男：快来帮帮我,我买了一箱香蕉。
    女：怎么买这么多?一箱有多少公斤?
    男：十公斤,买一箱能便宜不少。
    女：香蕉容易坏,下次别买这么多了。
    问：女的是什么意思?

36. 女：你好,我想试一下这条红色的裤子。
    男：红色的就这一条,已经被你旁边这位客人买了。
    女：那它还有别的颜色吗?
    男：还有黑色和绿色的,你要试试吗?
    问：女的想买什么?

37. 男：你还有多久下班?
    女：一刻钟吧。怎么了?
    男：外面在刮大风,可能会下雨,我去接你吧。
    女：不用,我带伞了,自己坐地铁回去就可以。
    问：现在天气怎么样?

38. 女：喂，你上飞机了吗？
    男：已经上了，马上就要起飞了。
    女：好的，那你下飞机后记得给我打电话。
    男：好，再见。
    问：男的现在在哪儿？

39. 男：我想这周六请几个同学来家里吃饭。
    女：可以啊，他们爱吃什么菜？
    男：我还不知道呢，我明天问问吧。
    女：好，你问好后写个菜单，我们周五晚上先去超市把菜买好。
    问：女的让男的做什么？

40. 女：你在看新闻吗？
    男：不是，我在看一个介绍动物的节目。
    女：介绍什么动物？
    男：什么都有。你看，现在正在介绍熊猫的睡觉习惯，很有意思。
    问：男的在看关于什么的节目？

听力考试现在结束。

试卷五答案

一、听力

第一部分

1. C 2. B 3. A 4. F 5. E
6. D 7. C 8. B 9. E 10. A

第二部分

11. × 12. × 13. ✓ 14. × 15. ×
16. ✓ 17. ✓ 18. × 19. ✓ 20. ✓

第三部分

21. C 22. C 23. B 24. A 25. B
26. A 27. A 28. C 29. A 30. A

第四部分

31. A 32. B 33. C 34. A 35. C
36. B 37. C 38. B 39. B 40. A

二、阅读

第一部分

41. F 42. C 43. D 44. B 45. A
46. E 47. C 48. A 49. B 50. D

第二部分

51. A 52. F 53. D 54. B 55. C
56. C 57. A 58. B 59. F 60. E

第三部分

61. C 62. C 63. B 64. C 65. B
66. A 67. B 68. B 69. A 70. C

三、书 写

第一部分

71. 事情已经被他解决了。
72. 这个地方变化很大。
73. 这儿有一双筷子。
74. 最近一直都是阴天。
75. 没有什么比健康更重要。

第二部分

76. 口
77. 自
78. 花
79. 来
80. 问

汉语水平考试 HSK（三级）答题卡

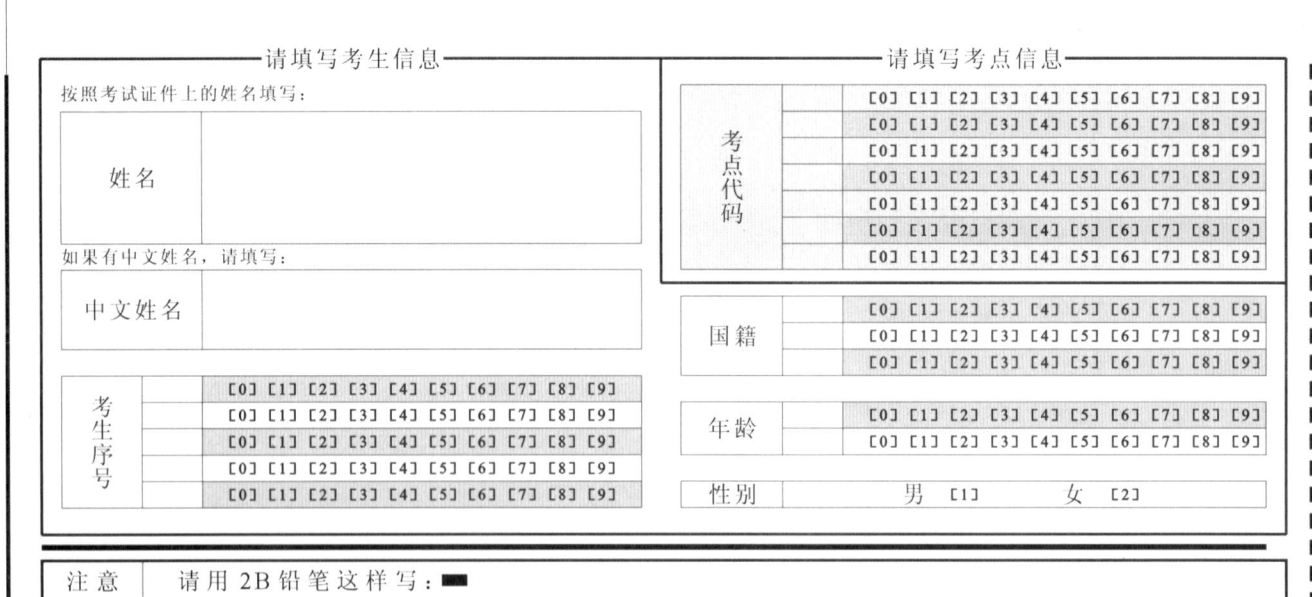

——请填写考生信息——

按照考试证件上的姓名填写：

姓名

如果有中文姓名，请填写：

中文姓名

考生序号：[0][1][2][3][4][5][6][7][8][9]

——请填写考点信息——

考点代码：[0][1][2][3][4][5][6][7][8][9]

国籍：[0][1][2][3][4][5][6][7][8][9]

年龄：[0][1][2][3][4][5][6][7][8][9]

性别：男 [1]　女 [2]

注意　请用2B铅笔这样写：■

一、听力

1. [A][B][C][D][E][F]　6. [A][B][C][D][E][F]
2. [A][B][C][D][E][F]　7. [A][B][C][D][E][F]
3. [A][B][C][D][E][F]　8. [A][B][C][D][E][F]
4. [A][B][C][D][E][F]　9. [A][B][C][D][E][F]
5. [A][B][C][D][E][F]　10. [A][B][C][D][E][F]

11. [√][×]　16. [√][×]　21. [A][B][C]
12. [√][×]　17. [√][×]　22. [A][B][C]
13. [√][×]　18. [√][×]　23. [A][B][C]
14. [√][×]　19. [√][×]　24. [A][B][C]
15. [√][×]　20. [√][×]　25. [A][B][C]

26. [A][B][C]　31. [A][B][C]　36. [A][B][C]
27. [A][B][C]　32. [A][B][C]　37. [A][B][C]
28. [A][B][C]　33. [A][B][C]　38. [A][B][C]
29. [A][B][C]　34. [A][B][C]　39. [A][B][C]
30. [A][B][C]　35. [A][B][C]　40. [A][B][C]

二、阅读

41. [A][B][C][D][E][F]　46. [A][B][C][D][E][F]
42. [A][B][C][D][E][F]　47. [A][B][C][D][E][F]
43. [A][B][C][D][E][F]　48. [A][B][C][D][E][F]
44. [A][B][C][D][E][F]　49. [A][B][C][D][E][F]
45. [A][B][C][D][E][F]　50. [A][B][C][D][E][F]

51. [A][B][C][D][E][F]　56. [A][B][C][D][E][F]
52. [A][B][C][D][E][F]　57. [A][B][C][D][E][F]
53. [A][B][C][D][E][F]　58. [A][B][C][D][E][F]
54. [A][B][C][D][E][F]　59. [A][B][C][D][E][F]
55. [A][B][C][D][E][F]　60. [A][B][C][D][E][F]

61. [A][B][C]　66. [A][B][C]
62. [A][B][C]　67. [A][B][C]
63. [A][B][C]　68. [A][B][C]
64. [A][B][C]　69. [A][B][C]
65. [A][B][C]　70. [A][B][C]

三、书写

71.

72.

73.

74.

75.

76.　77.　78.　79.　80.

不要写到框线以外！